D1665747

Barbara Feldbacher
HINTER DEM VORHANG

Barbara Feldbacher

HINTER DEM VORHANG

Schauspiele ex animo

AUFSCHLUSS ODER BLAUBARTS GEHEIMNIS

LICHTEINFALL – NACHBLENDE

JEDERMANNS VERLASSENSCHAFT ODER DER NEUE JEDERMANN

VERLAG JOHANNES HEYN

Besonderer Dank gilt
Frau Prof. Dr. Erika Horn und Herrn Prof. Johann Hollik
für die unterstützende Ermutigung

Umschlagbild: Cornelia Feldbacher

© by Verlag Johannes Heyn
Klagenfurt, 1997
Alle Rechte vorbehalten,
insbesondere alle öffentlichen Vortrags-, Aufführungs-,
Sende- und Übersetzungsrechte.
Gesamtherstellung: M. Theiss Ges.m.b.H., A-9400 Wolfsberg
ISBN 3 85366 853 4

Vorwort

»Es hat keinen Sinn mehr… Ich bin ein Pessimist, ich glaube nicht, daß das Schreiben, daß die Kunst eine Zukunft haben…« So äußerte sich Wolfgang Hildesheimer, ehe er sich ganz in eine Schreibverweigerung zurückzog… als seine Konsequenz angesichts der Bedrohungen im Kulturbetrieb unserer Zeit. Er gab es auf,»im Strandgut unserer Zeit nach Sinn zu suchen…«.

Barbara Feldbacher, einer jüngeren Generation angehörend, gibt nicht auf, obwohl sie ähnlich betroffen ist von Sorge und Zweifel um die Zukunft. Sie hat ihre Begabung zu schreiben entdeckt: ein Lyrik-Band,»Verdichtungen«, erschien schon 1991, im Todesjahr von Hildesheimer; sie schreibt weiter, es ist ihre Möglichkeit des Widerstandes gegen den»Verlust der Mitte«, schreibt, um zu erinnern, um bewußt zu machen, um anzukämpfen. Theaterbegeistert seit früher Jugend schreibt sie hintereinander drei Dramen, die sie hier vorlegt.

Verschieden scheinen sie – das eine,»Aufschluß oder Blaubarts Geheimnis«, in dem die Auseinandersetzung mit den für sie kultur- und lebensgefährdenden Entwicklungen unserer Zeit auf sprachlich-intellektueller und symbolischer Ebene geführt wird, ist zeitlich im»letzten Drittel des zwanzigsten Jahrhunderts« angesiedelt; das zweite,»Lichteinfall – Nachblende«, in dem die meditativen, symbolischen Elemente vertieft werden, das in die eigenen Seelenräume, in»Welt-Innenräume« verweist, spielt»irgendwann in der Gegenwart« und bildet eine fast kammermusikalische Mitte; und zuletzt der kühne, farbige Wurf eines großen mystischen Spieles vom Neuen Jedermann,»Jedermanns Verlassenschaft«, eine Fortsetzung von Hofmannsthals Spiel vom reichen Mann, das die Handlung in vier Ebenen entwickelt: in der irdischen, im Zwischenreich jenseits des Todes, in der Gegenwart und im Reich der inneren Bilder, und die Sprache malt die Bilder dazu – da wird es zeitübergreifend und zeitlos zugleich. Bei aller Verschiedenheit aber gibt es verbindende Grundmotive, etwa Leiderfahrung und Läuterung, Sinnsuche und Sinnfindung, Ausblick und Hoffnung, Liebe und Tod… Immer wieder sind es die Frauen, die die Handlung tragen, welche die zentralen Figuren sind.

Barbara Feldbacher weiß noch wörtlich das Schiller-Wort, das ihr Reifeprüfungsthema war:»Wir sind die Hüterinnen, Wachen ist unser Auftrag… Unser Amt ist Friede…«
Sie hat diesen Auftrag in ihr Leben mitgenommen und jetzt, in der Lebensmitte, versucht sie, ihn auch im Schreiben einzulösen: ein gelungener Versuch!
»Wie schön, daß du das Alte gerettet und das Neue nicht aufgegeben hast«, sagt ihre Elena zu Blaubart. Das möchte auch ich ihr zu-sagen und ihr wünschen, daß diese Schau-Spiele nicht nur gelesen werden, sondern, daß sie Bühnen finden, auf denen ihr Sinn und Hinter-Sinn sichtbar werden kann, und Schau-Spieler, die den Gedanken und Ideen hinter den Gestalten Stimme und warmes Leben verleihen.

Erika Horn
Jänner 1997

INHALTSVERZEICHNIS

AUFSCHLUSS

ODER

BLAUBARTS GEHEIMNIS

Eine Dramatische Parodie in fünf Bildern

»Mein Freund, die Zeiten der Vergangenheit
sind uns ein Buch mit sieben Siegeln.
Was ihr den Geist der Zeiten heißt,
das ist im Grund der Herren eigner Geist,
in dem die Zeiten sich bespiegeln.«

Goethe, Faust zu Wagner.

MEINEN KINDERN

PERSONEN

Dr. Alex Blauburg	Konzernchef, Kunststoff-Erzeugung
Elena	Blauburgs Cousine
Vera	Cellistin
Judith	Umweltschützerin
Ferenc	Gärtner
Arnold Rosenzweig	Gelehrter
Cora	Fernsehreporterin
Ing. Gotthelf Schutt	Baulöwe
Landespräsident	
Medienherausgeber	
Ministerin	
Oberbürgermeister	
Gernot Willig	Grüngemeinderat
Ralph	Butler
zwei Hausmädchen	

ORT   Irgendwo im Österreichisch-Deutschen Grenzgebiet

ZEIT   Letztes Drittel des Zwanzigsten Jahrhunderts

1. Bild

Schöner, alter, nicht zu sehr gepflegter Park im Mondlicht einer Sommernacht. Von Laternen schwach beleuchtet ein Weg, der zum Schloßeingang auf der linken Seite der Bühne führt. Alte Rosenstöcke in Blüte. Dahinter dunkles Buschwerk und Bäume. Vor dem nächtlichen Hintergrund eine alte Marmorfigur »Der Sinnende Gott« auf dem Sockel. Sitzend. Den Blick ins Unendliche gerichtet. In seinem Schoß die Welt, auf die sich sein Arm stützt. Moos und Efeu beginnen bereits die Skulptur zu überwuchern. Es ist still im Park. Einige Male ein Vogelruf und das metallische Schnippen einer Rosenschere. Aus dem Schloß, in das man am linken Rand der Bühne hineinsehen kann, strahlt festliches Licht. Der alte Gärtner Ferenc – die Brille auf der Nase – schneidet Rosen. Kopfschüttelnd, als hätte man ihn gezwungen, einen Frevel zu begehen. Langsam kommt Elena – im hautengen, zartglänzend weißen Abendkleid – den einsamen Weg herauf. Ihre Eleganz wird durch die Schlichtheit des Kleides betont. Ihr rötlich blondes Haar ist im Nacken zu einem schönen vollen Knoten geschlungen. Sie ist Anfang 40.

ELENA

Ferenc? Ist's möglich? Jetzt noch, zur Nachtstund?

Sie geht auf ihn zu.

Lieber guter alter Ferenc! Daß ich dich zuerst hier wieder treff! Das hätt ich nicht gedacht. So spät.

Ferenc dreht sich um.

Ja, ja, du siehst schon recht. So dunkel kann's nicht sein, daß du das alte Lenerl nimmer kennst. Geh her, und so begrüß mich doch!

Sie lacht und schüttelt dem Überraschten die Hand.

Schaust du vielleicht, ob Sternschnuppen aus einer beßren Welt in deine Rosenbeet gefallen sind?

FERENC

Nein, Lenerl, zum Lachen gibt's da nix. Denen da drinnen

Er zeigt auf's Schloß.

fallt immer wieder was kurioses Neues ein. Haben's mich alten Mann jetzt noch aus den Federn g'holt. Ich soll da in der Dunkelheit meinen Lieblingskindern die Köpf abschneiden. Jetzt im Schlaf.

Mürrisch.

War ihnen nicht genug, was ich da in der Früh im vollen

Blumenkorb heraufbracht hab. Hat Müh gekostet, mein Blut, mein altes, ungarisches Blut in Ruh zu halten…

ELENA

Halt's net zurück und laß es brausen! S'wär schad. Wo doch soviel in dieser Welt ganz ohne Kraft verrinnt.

Sie klopft ihm auf die Schulter.

Siehst du, ich hab es nicht vergessen, wo noch Europas starke, gute Ströme fließen. Es ist so schön, daheim zu sein.

FERENC

Hast in der Neuen Welt dich ja noch nie zurechtgesetzt. Dafür kommst mir zu oft herüber über'n großen Teich. Weißt, wundern tut es mich schon sehr, daß man so leicht von einem Kontinent zum andern hupfen kann.

ELENA

Flieg wie ein Vogel…

FERENC

…über soviel tiefes Wasser durch so hohe Luft… Ich hab das nie verstanden.

ELENA

Ja, ja die Vögel…

FERENC

…schneiden mit ihren weißen Strichen den blauen Himmel auseinand.

ELENA

Meinst wohl, daß man den teilen kann?

FERENC

Ich halt's da lieber mit der Erden. Da weiß ich, was ich hab. Die kann ich greifen und ihr gut sein. So gut, wie sie auch selber ist. Was da recht einfallt, wachst und strebt auf andre Weis nach oben.

Er schneidet eine vollerblühte rote Rose ab.

Und meine Füß, die wollen ihr verbunden bleiben, so wie die
Händ.

Er schaut nach oben.

Ich muß da nicht hinauf im silbrigen Metall. Da bin ich
schwer.

Er streckt ihr die Rose entgegen.

Hier, zum Empfang!

ELENA

Riecht daran.

Wie gut sie duftet. Nach Erd u n d Himmel. Weißt noch wie
du mich auf die Schulter g'hoben hast, weil ich zu klein war,
um in die Blütenkelch zu schaun? Hast mich gelehrt, hinein-
zugehn, ganz tief hinein, dort, wo die Ros ihr Leben hat. Mit
den Gedanken und mit meinem Herzen. Begriffen hab ich –
durch dich – daß sie nicht zum Abschneiden bloß auf diese
Welt gekommen ist.

FERENC

Eine ganz d u n k l e Rote hab ich dir gegeben. Weilst halt so
schön vom alten Blut geredet hast.

Er lächelt.

ELENA

Jaj, jaj! Jetzt wird er mir sentimental, der liebe Ferenc. Und
das grad heut, wo ich so eine Stimmung hab…

Ernster.

Wie… geht's denn drüben? Ist's wahr, was ich aus all dem
Tratsch herausg'hört hab? Will er denn wirklich jetzt zum
siebten Mal…

FERENC

Als Kind hat er ja auch nie lang bei e i n e m Spielzeug bleiben wollen. Mußt es doch eh noch wissen, Lenerl, daß ich
dich so manches Mal hab trösten müssen, wenn ihm ganz
plötzlich etwas andres eingefallen ist, beim Würfeln oder
Räuberhauptmann spielen. Geweint hast oft, wenn dein edler
Ritter dich nicht mehr hat beschützen wollen.

ELENA

Nachdenklich zögernd.

Vielleicht – bin ich's bis heut geblieben – das unerlöste
Burgfräulein…

FERENC

S'ist halt so seine Art. Nicht nur das Leben hat ihn so
gemacht.

ELENA

Und doch war da auch mehr. Weißt noch, wie er einmal
gemeint hat, er könnt die Wunderblume finden, mit der man
alle Schlösser öffnen kann? Ganz fest hat er daran geglaubt.

FERENC

Und hat mir meine schönsten Rosen abgeschnitten für den
Versuch…

Er schmunzelt.

der Lausbub, der er war.

ELENA

Heut b r i c h t er alle Türen auf. Und strengt sich garnicht
dabei an. Und manche gehen auf von ganz allein – nur wenn
er kommt.

FERENC

Er hat halt viel Erfolg gehabt. War tüchtig auch…

ELENA

Tüchtig. Wenn ich nur wüßte, was das wirklich ist. Und was
dabei verloren geht. Verändert hat er sich. Und immer mehr.
Ist immer weiter von sich fortgegangen. Nach jeder Scheidung
hab ich's g'merkt, wenn ich dann länger bei ihm war.

Versonnen.

Und doch war's schön. Dazwischen.

FERENC

Du auch.

ELENA

Was meinst?

FERENC

Du bist auch nicht geblieben. Bist immer wieder fortgegangen.

ELENA

Doch nicht so von mir selbst.

FERENC

Von ihm. Bist nie geblieben, wie er sich's gewünscht hätt.

ELENA

Ich hab nicht können. Er hätt mir meine Flügel abgeschnitten. Er meint, daß alles ihm gehören müßt.

FERENC

Wär auch nicht gut gegangen, Lenerl.

ELENA

Und dann... Der Kunststoff, der ihn reich g'macht hat, ist mittlerweile auch Symbol geworden für sein Leben. Nur weiß er's nicht. Hat er den Ost-Trakt immer noch nicht öffnen lassen?

FERENC

Die Gänge schon. Und von den sieben Räumen sechs. Das Osterzimmer – aber will er – soll verschlossen bleiben. Wie bisher. Ich mein, jetzt ist's genug.

ELENA

Schmollend.

Ich frag ja schon nichts mehr.

FERENC

Nein, nein. Ich wollt nur sagen, daß ich genug jetzt meine Rosenstöck geplündert hab. Sonst kommen's drinnen gar noch drauf, daß man heraußen nimmer renommieren kann damit.

Soweit denken's heut net mehr, die Leut, daß dort, wo etwas weggenommen wird, hernach auch etwas fehlen könnt...

ELENA

Bist halt und bleibst ein Philosoph. Du, mit den schweren Füß auf deiner Erden. Im Denken warst schon immer leicht.

FERENC

Hab in den dicken Büchern nicht so viel gelesen. Wo's glauben, daß da alles drin stehn möcht. Ich schneid den Rosen halt die wilden Trieb. Und mich – hat's Leben zugeschnitten.

ELENA

Du bist der einzige, mit dem ich reden kann. Hier. Sag mir – was will er n o c h ? Hat er in seiner schrecklichen Unschuld denn nicht genug schon angerichtet?

FERENC

Er meint, er hätt genug erreicht...

ELENA

Ja, ja, ich weiß. Ich denk, ich kenn ihn gut. Zu gut vielleicht. Und trotzdem bleibt da immer – unter andern – die besondre Frag...

FERENC

...da bleiben viele Fragen – Gott sei Dank –

ELENA

...warum er garnicht widerspricht, wo er doch sonst so gern im guten Licht dasteht.

FERENC

Was meinst du, Lenerl?

ELENA

...ja, warum er garnet reagiert und den Gerüchten auch noch zur Vermehrung hilft.

Sie schaut ihn an.

Ich mein das mit den Frauen.

FERENC

Schweigt.

ELENA

Sag doch etwas! Du bist ja immer da. Und bist doch einer, der hinter viele Dinge schaut.

FERENC

Schweigt.

ELENA

Du willst es nicht. Und dann dieses neue Vorhaben. Was soll das sein? Er hat nur eine Andeutung gemacht, als er mich drüben anrief, daß ich kommen soll. Es gäb da ein Projekt…

FERENC

Ich hab nur g'sehn, daß unten dort – am südlichen End vom Park –

Er zeigt in eine Richtung.

dort, wo die beiden Flüß zusammenfließen – merkwürdige Leut zusammenkommen sind.

ELENA

Da unten in der Wildnis? Wo ich als Kind am liebsten meine Zeit verbracht hab?

FERENC

Da waren fremde Leut. Fast jeden Tag.

ELENA

Fast jeden Tag?

FERENC

Ja, unbekannte Leut.

ELENA

Ich weiß noch gut, wie damals – zehn Jahr ist's her, glaub ich, – der Zaun nach oben zogen worden ist. Der Onkel hat gemeint, das sei ein Platz für Liebesleut. Den müßt man öff-

nen und zugänglich machen. Ich seh sein Augenzwinkern
heute noch vor mir wie damals.

FERENC

Ein Herr war er halt noch, ein wirklicher.

ELENA

Er selber ist so gern da unten g'wesen. Am Schilfsaum – zwischen all den alten Bäumen. Und hat den Vögeln zug'hört und
den Grillen. Hat über viele Dinge nachgedacht. Sie nicht nur
angegriffen wie sein Sohn.

FERENC

Ein Herr, ein wirklicher, der alte Herr Baron.

ELENA

Und zugestimmt hat er sogar, daß man die Überrest vom
Tempel hat holen dürfen ins Museum. Und all das römische
Geschirr, das lange vorher schon dort gfunden worden ist.

FERENC

War immer freundlich, generos…

ELENA

Ich hab's mir dort im Haus dann nie mehr angeschaut. Viel
schöner war's im Sonnenlicht auf einem Säulenstumpf zu sitzen. Hineinzuhorchen in die Welt. In die Vergangenheit. Und
die Gedanken in die Träum zu schicken…
Was sind denn das für Leut? Was tun die dort?

FERENC

Was weiß denn ich. Hin-und-herlaufen tun's. Unruh machen's. Und irgend etwas messen's aus. Vielleicht soll da einmal etwas gebaut werdn. Die Vögel machen ein Gekreisch.
Daran erkenn ich immer, daß die unten sind.

ELENA

Gebaut? Das ist unmöglich. Ganz und gar. Im Schutzgebiet!
Natur- und Denkmalschutz in einem. Das war doch fest ver-
brieft!

Empört.

Im Vogelreservat…

FERENC

S'ist halt doch immer nur die Frag, w e r da die Fäden zieht.
Und wer was z'reden hat, der kann schon da und dort die
Maschen fallen lassen.

ELENA

Das glaub ich nicht! Hier nicht. Das kann doch wirklich kei-
ner wollen, daß dieses Land verloren geht! Der »heilige
Bezirk«! So hat der Grund dort immer g'heißen… der heilige
Bezirk…

FERENC

Kommst soviel in der Welt herum. Und glaubst noch immer,
daß man Wert legt heutzutag auf solche »heiligen Bezirk«,
wenn andre Gründ die Karten schupfen.

ELENA

Ja, anderswo. Das weiß ich wohl.

FERENC

Warum nicht da auch? Ist's denn nicht so, daß man an alles,
was noch unberührt ist und gesund in der Natur die Hand anle-
gen möcht? Und Raubbau treiben? Und machen sie's mit ihrer
eignen Rass net ebenso?

ELENA

Soweit's noch geht. Ich weiß das wohl. Hier aber wird's nicht
gehn!

Blickt auf die Uhr.

Spät ist's geworden. Das Konzert ist aus. Mich hat's nicht
intressiert. Nicht die Musik und nicht die neue Braut. Hab
schon zuviel davon gehört – und g'sehn.

FERENC

Nimmt die geschnittenen Rosen zusammen.

Kann's mir schon denken, Lenerl, daß dich das nimmer freut.

ELENA

Jetzt werden bald die andern dasein.

Ironisch.

Die illustren Gäst. Da geh ich lieber vorher noch hinunter zu
den Flüssen, ins alte Zauberreich. Und schau mich um, ob
man die stillen Geister schon vertrieben hat.

*Wendet sich um, geht ein paar Schritte. Dann bleibt sie plötzlich vor der Marmor-
statue stehen. Nachdenklich.*

Da sitzt er noch wie eh und je – der »Sinnende Gott«. Und
blickt, wer weiß wohin. Den Ellbogen hat er noch immer auf
die Welt gestützt. Ich hab mich schon als Kind gefragt, warum
er soviel Gewicht auf diese Kugel legt. Könnt alles doch viel
leichter sein. Hätt mich gern selber auf den Ball gesetzt und
frei die Füße schwingen lassen. Ganz fröhlich und geborgen
auf seinem Schoß. Und nah an seinem Herzen... Sag, Ferenc,
ist's aus Stein? Und seine Augen, sind die blind?

FERENC

Zuckt die Achseln.

Frag ihn, und frag net mich.

ELENA

Schau ihn nur an! Jetzt kriecht schon Efeu und das Moos von
allen Seiten über seine Welt und wuchert so, daß man sie beinah nimmer sehen kann.

Sie seufzt.

FERENC

Etwas betroffen.

Ich hab halt wenig Hilf derzeit. Man hat für alles das hier
kaum mehr Sinn. Die beiden jungen Burschen, die man mir
geben hat zur Arbeit, die haben anderes im Kopf. Und ich bin
auch schon müd geworden von den Jahren. Kann nicht mehr
überall dahinter sein.

ELENA

Laß gut sein, Ferenc. Weißt ja wohl, daß es so net gemeint
war. Ich wünsch dir eine Gute Nacht. Bis morgen.

FERENC

Bis morgen, Elena. Behüt dich Gott. Und küß die Hand. Ich trag nur noch die Rosen dort hinein.

ELENA

Behüt dich Gott.

Sie geht in den Park, Ferenc auf den Eingang des Schlosses zu und übergibt einem der Hausmädchen die Blumen. Durch's dunkle Buschwerk im Hintergrund pirschen sich zwei undurchsichtige Gestalten in Jeans und Pullover heran. Sie tragen einen schwarzen Koffer und zwei Stangen. Als Ferenc zurückkommt und nach rechts von der Bühne abgeht, verstecken sie sich hinter dem »Sinnenden Gott«. Sie flüstern.

GERNOT

Du weißt, daß ich's nicht machen mag. Es muß einem ja nicht jedes Mittel recht sein.

JUDITH

Pssst, sei doch leis! Sonst hören sie uns noch und holen die Polizei.

GERNOT

Ich sag's dir noch einmal: ich will es nicht.

JUDITH

Und ich sag dir – weil ich es weiß – es gibt in diesem Fall bestimmt nicht eine beß're Waffe.

GERNOT

Ich find, wir haben Munition genug – und Sprengstoff. Das würd allein schon reichen.

Man hört Schritte.

JUDITH

Pssst, leis, da kommt jemand. Sei still!

Sie verstecken sich hinter dem »Sinnenden Gott«.

Ist's denn schon so spät?

Ferenc kommt zurück, um seine Rosenschere zu holen, die er versehentlich vergessen hat. Danach geht er wieder ab.

Mit dieser Waffe kenn ich mich aus. Nur so verschafft man

sich Eintritt in die große Welt. Wir hätten keine Chance sonst, hineinzukommen.

GERNOT

Blöde Maskerad! Hat man das not? Auf e i n e r Stufe mit den Etablierten!

JUDITH

Auf dem gleichen Niveau. Jawohl. Auf derselben Ebene. D a s verunsichert.

Sie lacht.

Dann geht die Ladung anders hoch.

Sie öffnet den Koffer. Dann zieht sie ihren Pullover über den Kopf. Sie ist eine schöne junge Frau mit langen braunen Haaren.

Los, fang schon an und zieh dich aus!

GERNOT

Zögernd.

Mensch. was für ein Quatsch. Was soll das bringen?

JUDITH

Jetzt stell dich nicht so an! Wir haben alles lang und breit besprochen. Das glänzende Parkett in meinem Elternhaus war doch zu etwas gut. Und vieles war auch nicht so schlecht, was ich gelernt hab dort. Das kann man immer brauchen. Also mach schon – die Hosen runter jetzt! Zier dich nicht so.

GERNOT

Noch immer zögernd.

Wo ist das Transparent?

JUDITH

Im Koffer.

Sie lacht.

Da unter deinem Smoking.

GERNOT

Verzweifelt.

Ja, da gehört's auch hin. Du hast schon spinnerte Ideen.

JUDITH

»Der Erfolg heiligt die Mittel«. Sei froh, daß du die gleiche
Figur hast, wie mein Vater.

GERNOT

Ich bin schlanker…

JUDITH

Hast du noch nie gehört, daß man für die gerechte Sache
Opfer bringen muß?

*Sie wirft ihren Büstenhalter in Richtung Marmorstatue. Dort bleibt er unbeab-
sichtigt auf der steinernen Weltkugel liegen. Sie schlüpft in ein schönes grünes
Abendkleid, das sie aus dem Koffer geholt hat. Sie sieht sehr gut aus und ist sich
dessen auch bewußt.*

Mach mir das Kleid zu, bitte. Es eilt.

Gernot hilft ihr und zieht nun seinerseits den Pullover aus.

GERNOT

Ich habe diese ganze Gesellschaft satt! Die denken wohl, sie
könnten sich alles leisten. Aber die Welt gehört ihnen nicht.

Er nimmt Judiths Büstenhalter von der Weltkugel.

Den Machern mit ihrem zynischen Egoismus! Kaum eine
weiße Weste. Auch wenn's so aussieht.

JUDITH

Pssst, sei doch leis.

GERNOT

Und jetzt soll ich da auch noch mitmachen. Auf demselben
Parkett. In diese saturierten glatten Fratzen schauen. Da
kommt Freude auf…

JUDITH

Du bist zu laut. Ich hab's dir hundertmal gesagt, daß man die
nur so erreicht. Gewaschen und frisiert.

GERNOT

Wer ist der schon, der Doktor Blauburg? Auch ein gemachter

Macher, der die Macht mißbraucht. Der nicht nach rechts und links schaut. Glatt wie ein Aal. Der setzt doch alles durch.

JUDITH

Selbstbewußt.

Deshalb sind wir ja da.

GERNOT

Und buckeln tun sie alle vor ihm. Die Herrn und Damen von der »Hohen Politik«.

JUDITH

Lacht.

Vor allem wohl die Damen.

GERNOT

Ist seine Sache ganz privat. Er ist ja nicht der einzige Weiberheld...

JUDITH

Ironisch.

Bei ihm ist alles ganz legal. Er heiratet sie ja alle...

GERNOT

Legal – ja das versteht er immer. Und dann verschwinden seine Frauen auf Nimmerwiedersehn.

JUDITH

Hab garnet g'wußt, daß du auch klatschanfällig bist. Glaub doch nicht solche Greuelg'schichten.

Gernot, der inzwischen die Smokinghose angezogen hat, wirft seine Jeans von hinten über den Kopf des »Sinnenden Gottes«, so, daß der Hosenbund gerade die Augen der Statue verdeckt.

JUDITH

Jetzt sieht er nichts mehr.

GERNOT

Wer?

JUDITH

Zeigt auf die Statue.

Der Allmächtige, der da sitzt.

GERNOT

Der sieht auch sonst nicht viel. Schau's dir nur an, so rund-
herum.

Sie bringt ihm die »Fliege« an.

Und da soll ich jetzt mittun. Gewaschen und frisiert. Die letzte Demo gegen Kernkraft…

JUDITH

Hör auf, das war doch etwas anderes. Und überhaupt versteh
ich's nicht. Wenn man für etwas Gutes kämpft. Warum man so
verrottet grausig dahergehn muß. Ich kann doch eine hehre
Weltanschauung nicht durch ein abgeriß'nes Äußeres zum
Ausdruck bringen. Das ist kein gutes Markenzeichen. Damit
diffamiere ich sie ja. Und zeige dadurch schon, daß ich im
Grunde keine Hoffnung hab.

GERNOT

I c h fühl mich wohl in meiner Kluft. M i r kommmt's nur
auf den Inhalt an.

JUDITH

Theatralisch.

Wir sollten immer weiße Kleider tragen. Und eine Fackel in
der Hand, wenn wir auf Barrikaden gehn. Das überhöht doch
den Protest. Und schön wär's auch.

GERNOT

Daß man uns auch noch wegen Brandstiftung verhaften könnt.
Du spinnst. Hier stinkts nach »Gutem Stall«.

JUDITH

Doch ist es wahr. Mich stört's, daß heutzutage alles häßlich
sein muß. Und grausig. Und das auf allen Gebieten. Auch in
der Kunst. Das finden alle super und revolutionär. Das soll ein
Fortschritt sein? Ein Schmarrn ist das.

Sie gibt ihm die Smokingjacke.

Da will ich lieber in Schönheit sterben. Na, wie gefall ich dir?
Komm, schau mich wenigstens doch einmal an!

GERNOT

Nestelt unbeholfen an seiner »Fliege« herum.

Laß mich in Ruh. Ich mach's nur dir zuliebe. Obwohl ich
manchmal denk,

Er tippt auf die Stirn.

daß du da drinnen nicht ganz richtig bist.

*Man hört das Geräusch eines herannahenden Autos. Es hält an. Kurz darauf
mehrfaches zorniges Hupen. Sogleich flutet die Außenbeleuchtung auf.*

JUDITH

Schnell! Wir müssen verschwinden.

GERNOT

Verdammt! Ich bin noch nicht fertig.

JUDITH

Hier! Der Koffer...

*Sie haben gerade noch Zeit, um im Dunkel der Sträucher unterzutauchen – bis
Ralph, der Butler, ein hagerer älterer Mann, der sich nicht leicht bewegt, mit den
beiden Hausmädchen aus dem Schloß geeilt kommt, um in die Richtung der akustischen Reklamation zu laufen. Aber da ist er schon: Dr. Alex Blauburg. Mittfünf-
ziger, dunkelhaarig mit gepflegtem Bart. Anflug von grauen Schläfen. Er ist in
Abendbekleidung. Sein Auftreten verrät den Weltmann. Der Konzernchef und
moderne Diktator eines eigenen Imperiums ist an Macht gewöhnt. Trotz seiner
augenblicklichen Verärgerung aber läßt sich der Charme eines Weltgewandten
vermuten. In seiner Begleitung kommt Cora, eine Fernsehjournalistin, groß,
blond, etwas zu extravagant gekleidet, die ihm zu gefallen sucht.*

BLAUBURG

Wie oft hab ich schon gesagt, daß man das alte Schloß erneu-
ern lassen soll. Es reagiert nicht auf die Fernbedienung.

RALPH

Etwas in Bedrängnis.

Der Techniker der Firma Leuthfaden war letzte Woche hier
und hat es sich angesehen.

BLAUBURG

Ungeduldig.

Das dauert alles viel zu lang.

RALPH

Er sagte, sie hätten soviel zu tun…

BLAUBURG

Ich werd mir das merken bei der Auftragsvergabe. Im übrigen wird die Mauer samt dem Tor im Zug der Bauarbeiten sowieso niedergerissen.

CORA

Lacht schnippisch.

Wie radikal!

BLAUBURG

Damit ist dann auch das Schloß-Problem gelöst.

CORA

Skeptisch

Das… Schloß-Problem?

BLAUBURG

Man muß sich immer ärgern. Alles verkrustet und verrostet.

CORA

Aber es war ein schönes altes Tor.

Schäkernd sarkastisch.

Ja, ja, so geht er mit dem Erbe seiner Väter um. Darüber werd ich lieber nicht berichten.

BLAUBURG

Verblüfft.

Lassen Sie das, Cora! Kommen Sie, gehen wir hinein.

Zu Ralph:

Ich hoffe, daß wenigstens alles so vorbereitet ist, wie es besprochen wurde.

RALPH

Man hat alle Anordnungen peinlich genau befolgt. Das Buffet ist vor ungefähr einer Stunde angeliefert worden. Der Champagner hat die gewünschte Temperatur.

BLAUBURG

Hat Ferenc noch die Rosen geschnitten?

RALPH

Es wurde sogleich nach dem Anruf des Herrn Baron veranlaßt. Die Blumen befinden sich in der Küche.

BLAUBURG

Cora, darf ich bitten.

Szenenwechsel.

2. Bild

Sie gehen ins Schloß hinein. Währenddessen dreht sich die Bühne derart, daß nun die ganze weitere Szene in den bereits zuvor zu einem kleinen Teil sichtbaren Innenraum, der sich nun auftut, verlegt wird. Rechts bleiben aber noch der Eingang und ein kleines Stück vom Park dem Zuschauer offen. Auf der linken Seite befindet sich noch eine Tür, die in einen danebenliegenden Raum führt.

D.h. man befindet sich jetzt in einer sehr schönen Halle, die mit Möbeln und Bildern des 17. bis 20. Jahrhunderts ausgestattet ist. Das einzig Artfremde in diesem traditionsreichen und nieveauvollen Ambiente ist eine ca. zwei Meter hohe Atomuhr aus Glas und weißlichem Kunststoff. Ein zeitgenössisches Kunstwerk in Pyramidenform, das seine innere Technik entblößt. Irgendwie aber vermittelt es durch Form und Größe Ähnlichkeit mit der Dreiecksgestalt des Standbilds des sitzenden »Sinnenden Gottes« im Park. Die Hausmädchen tragen Gläser herein.

CORA

Die Gemälde, vorwiegend Portraits, betrachtend.

...Und? Was sagen die Ahnen zu Ihrem Vorhaben?

BLAUBURG

Sie schweigen. Sie hatten zu i h r e r Zeit das Sagen. Heute entscheide ich.

CORA

Die Bilder da sind sehr lebendig. Die Personen äußerst ausdrucksstark. Da, sehen Sie! Dieser alte Herr schaut mit einem sehr nachdenklichen Blick auf Sie.

BLAUBURG

Etwas unangenehm berührt.

Das war mein Vater.

CORA

Und diese wunderschöne Frau daneben, mit dem Schleier? Ist wohl Ihre Mutter. Mir scheint, Sie haben ihre Augen.

Geht auf ihn zu.

BLAUBURG

Sie war Französin.

CORA

Ach daher… der überwältigende Charme.

BLAUBURG

Cora, ich bitte Sie….

CORA

Nein, wirklich! Schauen Sie mich an. Zweifellos die gleichen Augen. Ein wenig graues Licht im Blau.

Sie blickt ihn intensiv an.

Nur glimmt in den Ihren noch so ein gewisses Funkeln.

Er kommt ihr näher und legt den Arm um ihre Mitte.

Ja, so etwas… Gewisses… unberechenbar Geheimnisvolles… etwas Verführerisches.

Er versucht sie aus der Gelegenheit heraus zu küssen, obwohl er nicht den Eindruck vermittelt, daß er sich nennenswert für sie interessiert.

BLAUBURG

Cora, ich bitte Sie…

Sie entwindet sich ihm, um ihn zu reizen.

CORA

Ja, so etwas verholen Verführerisches… Und wie Sie das in gewissen Augenblicken einsetzen!
Das Geheimnis d a h i n t e r könnt mich interessieren.

BLAUBURG

Zur Seite.

Es ist doch immer das Gleiche.

Zu Cora, routiniert:

Sie sind eine bemerkenswerte Frau.

CORA

Natürlich, ich weiß.

BLAUBURG

Vielleicht – wenn ich mich nicht bereits entschlossen hätte –

CORA

Olala, das wäre ein Schuß in die Gazetten, mein lieber Doktor Blauburg. Wenn Sie den Satz zuende führen, werde ich Sie fragen, ob ich ihn in meine Berichterstattung mithineinnehmen soll.

BLAUBURG

Sie treiben ein gefährliches Spiel mit mir, liebe Cora.

CORA

Glauben Sie nicht, daß sich damit noch mehr für Erregung und Gesprächstoff sorgen ließe, als mit der Unterstützung Ihres Projektes? Geben Sie zu, daß das dem »Unbesiegbaren« Angst macht.

Sie unterdrückt ein Lachen und spricht dann wie eine Tragödin weiter:

Die Macht der Medien muß man meiden! Kann kein Kunststoff-Kaiser knieen? Sagen Sie doch, daß Sie sich vor Cora fürchten!

BLAUBURG

Wer sollte mir verargen, daß ich weiblicher Schönheit gegenüber nicht unempfindlich bin?

Er küßt ihr galant die Hand.

CORA

Das sagen Sie sogar HEUTE? In dieser besonderen Nacht?

BLAUBURG

Man muß ja nicht, wenn man e i n e Blume pflückt, die ganze Wiese übersehn…

CORA

Charmant. Vielleicht soll i c h so manches übersehn?

BLAUBURG

Wie meinen Sie das?

CORA

Nun ja, es hängt doch einiges vom Auswurf unsrer Medien ab.

BLAUBURG

Vom Auswurf…

Er lacht.

Das haben Sie gut gesagt.

CORA

Nein, im Ernst, Alex. So einfach sind die Dinge nicht.

BLAUBURG

Etwas konsterniert.

Sie hatten doch gesagt, die Sache faszinierte Sie. Man könne sie den Leuten schmackhaft machen.

CORA

Man ist sensibel geworden…

BLAUBURG

Etwas schärfer.

Cora, spielen Sie nicht mit mir! Ich hab es immer noch verstanden, Herr der Lage zu sein.

CORA

Es gibt eben alle guten Gründe und Einwände gegen Ihre Pläne, Herr Doktor Blauburg.

BLAUBURG

Aber gerade darüber haben wir uns lange genug unterhalten.

CORA

Noch hat sich aber nichts daran geändert.

BLAUBURG

Sie wollten mir dabei behilflich sein, dieses…

CORA

Fest.

Ich wollte…

Er blickt sie zornig an – sie beginnt zu lächeln; fast zärtlich.

…und… ich will.

BLAUBURG

Erleichtert.

Ein Glas Champagner?

CORA

Sehnsuchtsvoll.

Auf was?

BLAUBURG

Auf den Erfolg!

Man hört Stimmen. Ralph eilt zum Eingang. Aber Blauburg geht den Gästen selbst entgegen und begrüßt sie:

Ich freue mich. Sehr verehrte Frau Minister, küß die Hand. Herr Landespräsident, lieber Oberbürgermeister, Herr Chefredakteur, meine Verehrung. Grüß Gott, lieber Baudirektor Schutt, Servus Gotthelf.

LANDESPRÄSIDENT

Höflich.

Ungewöhnlich, außerordentlich ungewöhnlich, das Konzert!

OBERBÜRGERMEISTER

Eine interessante Kombination. Noch nie so erlebt…

MEDIENCHEF

Begeistert.

Etwas völlig Neuartiges…

MINISTERIN

Angeschlagen.

Mir ist noch ganz schwindlig…

BLAUBURG

Stolz.

Ist sie nicht eine große Begabung?

OBERBÜRGERMEISTER

Warum wurde die Künstlerin nicht schon früher gefördert?

LANDESPRÄSIDENT

Ja, wieso ist sie bisher noch nie in Erscheinung getreten?

BLAUBURG

Bescheidenheit. Zu große Bescheidenheit. Die Sponsoren können ihre Augen ja nicht überall haben. Aber das wird sich jetzt ändern.

Er lacht siegesgewiß.

MINISTERIN

Um mich dreht sich noch alles... Könnt ich ein Glas Wasser haben?

Die Hausmädchen kommen auf Wink Blauburgs dem Wunsch nach und beginnen gleichzeitig gefüllte Champagnergläser anzubieten. Die Ministerin faßt sich.

Über eines ist gewiß nicht zu diskutieren: Vera Reinthal hat viel Talent.

BLAUBURG

Und was meinen Sie zu meiner anderen Entdeckung? Die Kunst muß doch immer etwas Neues zu bieten haben. Was sagen Sie zum Komponisten? Wie hat Ihnen das Werk von Mattke gefallen?

MINISTERIN

Man hatte das Gefühl als wirble es das Publikum durcheinander... Darf ich mich setzen?

Sie läßt sich, während die anderen stehen bleiben, auf dem beigebrachten Stuhl nieder.

LANDESPRÄSIDENT

Vorsichtig.

Wirklich ungewöhnlich dieses Zusammenspiel von Musik und Lichteffekten und Geruchsimpressionen...

BLAUBURG

Höflich zur Ministerin.

Geht es schon besser?

MINISTERIN

Danke. In der Tat, eine begabte junge Frau. Sympathisch, ohne aufdringliches Gebaren. Sie gab ihr Bestes.

SCHUTT

Und hat Power!

Er lacht; und zu Blauburg:

Ich kann dir nur gratulieren, lieber Alex.

MINISTERIN

Vor allem… der Haydn war schön… Die Kadenzen sauber und expressiv. Sehr innig der zweite Satz.

BLAUBURG

Etwas ungeduldig.

Gewiß, gewiß. Sehr schön. Aber was halten Sie von unserem Zeitgenossen Mattke? Von der Gesamtrealisierung der Holo-Phonie? Hat denn nicht auch der alte Haydn durch sie einen neuen Reiz hinzugewonnen?

LANDESPRÄSIDENT

Neugierig.

Würde mich auch interessieren…

OBERBÜRGERMEISTER

Ja, wie denken Sie darüber, als Ministerin für Kultur…

MINISTERIN

Etwas erholt.

Ein neuer Weg… vielleicht… Für manche eventuell auch ein Stolperstein. Man muß sich daran gewöhnen…

MEDIENCHEF

Aber, Frau Minister! Gerade in Ihrem Ressort sollte man zeitgemäß denken. Immer die Nahtstellen des Geschehens genau beobachten.

OBERBÜRGERMEISTER

Das ist schon wahr. Leider haben uns die Unterlassungs- und

Beurteilungssünden der Vergangenheit gelehrt, daß Großes oft nicht zu seiner Zeit erkannt und geschätzt worden ist.

LANDESPRÄSIDENT

Denken Sie nur an Mozart und andere...

MINISTERIN

Diesen Vorwurf will ich nicht gelten lassen. Gerade unsere Kulturpolitik, das kann ich mit Fug und Recht behaupten, kümmert sich vorwiegend um die Auf- und Ausbrüche einer neuen Avantgarde – in der Hoffnung, daß irgendwo das Besondere auftauchen könnte, das vielleicht einmal wieder richtungsweisend sein wird.

MEDIENCHEF

Und dennoch scheinen S i e mir persönlich etwas zu konservativ eingestellt zu sein. Sie müssen mit der Zeit f ü h - l e n . Quasi das Ohr an ihren Zeigerschlag legen. Die Zukunft beginnt in der Gegenwart. Und das ist die Zukunft: daß die Kunst gleichzeitig alle Sinne beschäftigen wird. Um durch stärkste Eindrücke eine totale Identifikation zu erreichen.

MINISTERIN

Beeilt sich.

Wir haben ja bewiesen, daß wir in jedem Fall für Innovationen entscheiden. Gerade meine Partei hat sich besonders dafür eingesetzt. Natürlich muß sich die Gegenwartskunst auf neue Ausdrucksmedien und -formen einstellen. Möglicherweise auch auf eine Vermischung der auslösenden Momente.

OBERBÜRGERMEISTER

Durch Reizüberflutungen von allen Seiten braucht die All-Gemeinheit natürlich immer mehr Stimulantien.

SCHUTT

Beipflichtend.

Vielleicht sogar Aggressivität...

OBERBÜRGERMEISTER

Resigniert.

…um überhaupt noch zu reagieren…

MEDIENCHEF

Das hatten wir ja nun heute! Durch das Zusammenwirken audio-odoro-visueller Eindrücke wird die Erlebnistiefe des modernen Menschen aktiviert. Subtilität ist nicht mehr Sache unserer Zeit. Könnte falsch oder garnicht verstanden werden.

MINISTERIN

Beharrlich.

Und trotzdem. Den Haydn hätte ich mir lieber p u r gewünscht.

LANDESPRÄSIDENT

Da möchte ich Ihnen recht geben. Das Vorüberhuschen der nackten Körper während des letzten Satzes – und der Geruch der Transpiration… der Ausdünstung…

MEDIENCHEF

Das ist es ja! Wechselbäder für die Sinne. Auslösung von Spontan-Erregung. Schock-Therapie. Gefühlsstöße! Empfindungsschübe!

MINISTERIN

Leise.

Wenn die Witterung dabei nur nicht verloren geht. Das Gespür…

CORA

Hört es.

Feeling heißt das heute, Frau Minister.

BLAUBURG

Ich gebe zu, daß ich Vera lange überreden mußte. Aber schließlich hat sie dann doch eingewilligt. Mir zuliebe. Zuerst war auch sie nicht begeistert, als ich ihr den Mattke mit seinem neuen Werk vorgestellt habe.

MINISTERIN

Zweideutig.

Noch ein Plus für die Künstlerin.

CORA

Auf der Suche nach neuen Ausdrucksmitteln muß man eben
manches Wagnis eingehen. Dieses heute abend ging mir unter
die Haut. Natürlich ist jeder, der ein konventionelles Konzert
erwartet hatte, überrascht gewesen.

OBERBÜRGERMEISTER

Vielleicht sollte man auch eher sagen, daß wir heute weniger
ein Konzert als eine mehrdimensionale Performance erlebt
haben.

MEDIENCHEF

War es nicht gewaltig, als man im Furioso der Horror-Phonie
optisch im Blut baden konnte?

CORA

· *Schaudernd.*

Krieg hautnah…

MEDIENCHEF

Das Böse und Zerstörerische kam über alle…

SCHUTT

Lüstern.

Der Leichengestank…

BLAUBURG

Fest.

Das könnte abschrecken.

MINISTERIN

Mir ist schlecht. Ich habe das Ende des Krieges noch erlebt…

OBERBÜRGERMEISTER

Eigentlich beschert uns schon das Fernsehen tagtäglich solche
Bilder mit den Weltnachrichten.

MEDIENCHEF

Nach dem Krieg hätte unsere Zivilisation vielleicht total mit
dem Alten brechen müssen, um einer ganz neuen Kultur Platz
zu machen.

OBERBÜRGERMEISTER

Ich weiß nicht. Irgendwie habe ich die Entwicklung der Kunst
immer ganz anders gesehen. Aber ich bin kein Experte.

MINISTERIN

Wir waren immer bemüht, das Kulturgut für alle verständlich
zu machen. Keine Eliten mehr, die auf dem humanistischen
Humus einer geistigen Oberschicht gewachsen sind und alle
kulturellen Belange nur für sich in Anspruch nehmen wollten.
Sie werden mir verzeihen, mein lieber Doktor Blauburg! Aber
das Niveau der heutigen Gesellschaft basiert auf der mehr
oder minder egalen Schulbildung, die alle ohne Unterschied
erfahren können. Darauf sind wir stolz. Das müssen Sie doch
einsehen.

LANDESPRÄSIDENT

Und doch, wenn man bedenkt, was unsere Kultur den Eliten
der vergangenen Jahrhunderte verdankt...

MEDIENCHEF

Mag sein, mag sein. Aber die Zeiten haben sich auffällig geändert. Heute muß man die Leute in Aufruhr bringen. Die
Sensibelchen von gestern haben Hornhaut bekommen. Der
Lebenskampf in unserer Leistungsgesellschaft hat zu einem
anderen Denken und zu anderen Empfindungen geführt. Die
Welt wurde auf Grundlage der Psychoanalyse entrümpelt und
enttabuisiert.

CORA

Kichert.

Sozusagen eine »Geschlechterumwandlung« auf breiter Ebene.

MEDIENCHEF

Die Welt von gestern hat sich selber ad absurdum geführt. Die Leute sind frustriert. Mit dem Althergebrachten kann die heutige Generation ja nichts mehr anfangen...

BLAUBURG

Die Kunst wird sie nur dann erreichen, wenn man neue und stärkere Mittel einsetzt. Das Un- und Außergewöhnliche.

MEDIENCHEF

Man muß die Welt zeigen, wie sie wirklich ist: Voll von Grauen, Brutalität, Krieg und Perversion. Erst wenn die letzten Tabus gefallen sind, so wie wir es heute beispielhaft in der Mattke'schen Expression erleben durften, werden alle...

MINISTERIN

Ablenkend.

...aber den größten Beifall hat Vera Reinthal für ihr schönes und intensives Spielen erhalten. Sagen Sie, lieber Doktor Blauburg, aus welchem Jahrhundert stammt übrigens dieses wunderschöne Schloß?

BLAUBURG

Das will ich Ihnen gerne beantworten. Obwohl ich mich lieber mit der Zukunft beschäftige als mit der Vergangenheit. Die Chronik erwähnt als Entstehungszeit das späte Mittelalter. Aus diesem sind allerdings nur noch einige Fundamente und etwas Gemäuer erhalten gewesen, als meine Vorfahren sich angeschickt haben, dieses Renaissance-Gebäude hier auf den alten Ruinen zu errichten.

MINISTERIN

Wie aufschlußreich. Muß schön sein, in einem Schloß zu wohnen, in dem schon die Ahnen über Jahrhunderte gelebt haben.

BLAUBURG

Lacht.

Aber Frau Minister, das sagen Sie als Sozialistin?

Wieder ernst:

Mein neues Vorhaben ist interessanter. Ich brauche Raum um mich. Mehr Raum. Leeren Raum in anderer Gestaltung. Viel Glas. Viel Licht und Luft. Klare Formen. Neue Materialien. Überraschende Farben. Weg vom Mief und Moder der Erinnerung. Ich brauche neue Orientierung! Neue Objekte, die das Gegenständliche abstrakt machen oder verfremden. Und sich mit den Medien dieser neuen Zeit verbinden können: mit der Technik und der Elektronik. Kunstwerke, die in Bewegung sind und in Erregung setzen...

Er holt Luft.

MINISTERIN

Natürlich, natürlich. Ich versteh! Man wünscht sich immer etwas anderes als man hat.

BLAUBURG

Das alles hier bedeutet mir nichts mehr. Die Tradition. Das ewige Festhalten und Festgehaltenwerden. Auf Schritt und Tritt Konfrontation mit einer Vergangenheit, die nicht mehr existiert.

MINISTERIN

Ich weiß nicht. Für mich hat so ein Schloß viel Reiz und Zauber. Und Geheimnis...

Sie beißt sich auf die Lippen.

Elena und Professor Rosenzweig treten ein. Rosenzweig ist ein Vertreter des alten Gelehrtentums, Geisteswissenschaftler umfassender Bildung. Ein Weiser. Er geht gebückt. Mag mit dieser Welt von heute womöglich nicht mehr direkt konfrontiert werden. Er ist gegen achtzig. Blauburg geht erfreut auf beide zu.

ELENA

Wir bitten um Vergebung, daß wir uns ein wenig verspätet haben.

Mit einem Lächeln zu Rosenzweig:

Aber wenn man das Glück hat, ihm einmal wieder zu begegnen, muß man die Gunst des Augenblickes nützen. Ich gebe zu, ich war so egoistisch, den lieben, so verehrten Herrn Professor eine ganze Weile für mich allein festzuhalten. Da draußen im Park, beim »Sinnenden Gott«.

ROSENZWEIG

Gütig.

Elena übertreibt. Das Gespräch mit ihr ist jedesmal wieder eine große Freude für mich.

ELENA

Geduldig ist er. Muß es auch sein. Denn e r ist es ja, der soviele Fragen herausholt aus mir. Macht's wie der Sokrates. Mit einem Trick. Und will, daß ich die Antwort darauf selber find...

ROSENZWEIG

Lächelt.

Ich hab die Fragen nicht gelenkt...

ELENA

Ja. Das ist wahr. Ich hab zu viele davon, immer wenn ich in die alte Heimat komme.

ROSENZWEIG

Wertheimweh hat sie. Die Elena. Findet so vieles nicht mehr vor daheim von dem, was sie ihr europäisches Zuhause nennt, in dem sie hergewachsen ist. Ich hoffe,

Er wendet sich an die Anwesenden:

Sie können ihr da mehr helfen, als ich's vermag.

BLAUBURG

Begrüßt sie zärtlich.

Elena, meine Liebe. Wie gut, daß du da bist. Ich hab dich schon so lang vermißt. Verehrter, lieber Onkel Arnold!

Zu den anderen:

Professor Rosenzweig war der engste Freund meines Vaters. Ist auch der einzige, von dem ich mir noch etwas sagen laß.

Wieder zu Rosenzweig:

Darf ich wissen, wie fandest du das Konzert?

ROSENZWEIG

Ach ja. Das Konzert. Das hab ich ja schon fast vergessen.

ELENA

Weißt, wir haben uns so inbrünstig über andere Dinge unterhalten. Ich habe es ja leider heut nicht hören können.

Sie lügt schlecht.

Ich… kam zu spät…

Blauburg wartet auf Antwort.

ROSENZWEIG

Ja – das Konzert… Ich hör nicht mehr so gut.

BLAUBURG

Nun, sag, wie fandest du's?

ROSENZWEIG

Zögert.

Ja… es war… laut. Verwirrend. Der Haydn war schön. Die Cellistin hat mir gut gefallen. Aber das Licht hat die Empfindung zerstückelt. Die Sinne, vor allem die Geruchsnerven, wurden überstrapaziert. Weißt du, mein lieber Alexander, in meinem Alter kann man sich e i n Privileg besonders leisten: die Ehrlichkeit. Das kränkt dich doch nicht? Schau, jede Zeit hat ihre Zeichen. Viele verschwinden auf Nimmerwiedersehn. Leider nicht nur all die leeren, auch wertvolle können untergehen.

Er zeigt auf die Bücher in den Wandnischen.

BLAUBURG

Onkel…

ROSENZWEIG

Laß gut sein. Schreib's meinen Jahren zu, wenn ich es nicht versteh.

Er lächelt.

Mein Lebensbaum zieht eben mit den Wurzeln noch das Wasser aus den alten Quellen.

ELENA

Nach denen ich so gierig auf der Suche bin. Und werd fast nimmer fündig. Hier ebenso wie drüben. Verschüttet, soviel. Verloren. Vertan. Überall Beton. Und Müll. Und Schutt.

SCHUTT

Schutt: Ja, ich auch!

Lacht über den vermeintlichen Witz.

Willst du mich deiner Cousine denn nicht vorstellen, Alex?

BLAUBURG

Verzeih! Elena, das ist Gotthelf Schutt, Generalunternehmer im Baugeschäft.

ELENA

Nomen est hoffentlich nicht immer omen?

SCHUTT

Meckernd.

Sehr gut, sehr gut! Ich will mich bemühen.

BLAUBURG

Du warst nicht im Konzert?

ELENA

Überhört die Frage.

Ich bin froh, daß ich da bin. Hier bei dir. Diesmal war's viel zu lang, daß wir uns nicht gesehen haben. Und schon – scheint mir – hast wieder etwas angestellt. In meiner Abwesenheit. Nicht? Ein bisserl grauer bist auch worden. Ein wenig hektischer kommst du mir vor. Gesteh!

BLAUBURG

Schaut sie zärtlich an.

Elena…

ELENA

Nun, gib's schon zu. Hast mich zu deinen Dummheiten nicht
brauchen können. Das Telephon stand immer still. Hab schon
gedacht, die Kabel seien z'rissen zwischen dir und mir...

BLAUBURG

Das weißt du wohl gewiß, daß niemals – heute nicht und morgen – und nicht in alle Zukunft – das geschehen könnt.
Dazu...

ELENA

Dazu hast du mich viel zu lieb. Ja, ja, ich weiß. Ich kenn die
alten Worte noch.

*Schaut unvermittelt auf die Pyramide und blickt ihn dann etwas spöttisch und fra-
gend an.*

Was hast du denn da drüben aufgestellt? Ist diese Pyramide
frei gemauert, Symbol für einen Logen-Pharao? Ein Chro-
nometer in der Pyramide? Wohl aber o h n e Zauberformel
für das Jenseits? Oder ist sie etwa das Totenmal für einen
anderen Verlust: Hat Chronos vielleicht h i e r Kairòs begraben?

SCHUTT

Aufdringlich.

Kairo? Sie sprechen gerade von Ägypten? Ich war vor kurzem
dort. Luxor! Gizeh! Die Tempel von Karnak...

Er will seine spärlichen Kenntnisse anbringen.

ELENA

K a i r ò s !

BLAUBURG

Witzelnd.

Gott helf Schutt! Kairòs war bei den alten Griechen der höchste und auch tiefste Augenblick des Glücks, den nur die
Himmlischen verschenken konnten. Sie haben ihn vergött-
licht. Und ihn als Gott mit einer Locke dargestellt.

ELENA

Daß man ihn greifen und dieses Glück festhalten konnte...

SCHUTT

Verständnislos.

Bei einer Locke??

ELENA

Etwas scharf.

Wir sprechen von der Q u a l i t ä t der Zeit!

SCHUTT

Sie meinen die Atomuhr da? Ein tolles Stück, finden Sie
nicht?

ELENA

Noch schärfer.

Wir meinen, daß Z e i t nicht n u r etwas ist, was tickt und
abläuft. Im Gleichmaß einer Schwingung. Es gibt auch einen
G o t t der Zeit, der sie e r f ü l l t .

SCHUTT

Lacht.

Ja, einen Gott! Wo – in der Uhr? Ein Gott? Die T e c h n i k
hat der Mensch gemacht.

ELENA

Geschicktes Aufspürn, Kombinieren und Gebrauchen sagt
noch nichts über Herkunft einer Sache aus. Da sollten Sie sich
andernorts belehren lassen.

SCHUTT

Es tut mir leid. Es ist nicht meine Art, mit einer schönen Frau
ein Streitgespräch zu führen.

ELENA

Ein Streitgespräch?
Ach, lieber Schrott, dafür hat es ja nicht gereicht.

BLAUBURG

Komm Elena!

Zu Schutt:

Nicht, du verzeihst?

Er führt sie weg.

Laß uns auf unser Wiedersehn ein Glaserl trinken.

ELENA

Was du für Leut da einlädst, jetzt!

BLAUBURG

Weißt du, den brauch ich. Von seiner Entscheidung hängt so manches ab. Hab dir ja eine Menge zu erzählen noch.

ELENA

Skeptisch.

Du meinst von dem »Projekt«? Und von der neuen Frau?

BLAUBURG

Etwas überrascht.

Ja, ja. Von beiden. Es wird bald einiges geschehen. Da wirst du sicher staunen.

ELENA

Das fürcht ich auch.

Vera erscheint. Das Cello über der Schulter. Sie ist an die 30. Dunkelhaarig. Im schwarzen Konzertkleid. Etwas schüchtern in der noch ungewohnten Umgebung. Man sieht ihr an, daß sie eine große Leistung hinter sich hat. Sie wirkt etwas angegriffen. Sie stammt aus kleinen Verhältnissen – aber gibt sich Mühe, ihre »Gesellschaftsscheu« zu überwinden. Alle applaudieren, machen Komplimente.

SCHUTT

Bravo, bravo!

LANDESPRÄSIDENT

Sehr gelungen.

MINISTERIN

Der Haydn, ja… der Haydn. Wunderschön.

CORA

Überraschend.

MEDIENCHEF

Außergewöhnlich, die Horror-Phonie!

SCHUTT

Schlapp…

Alle schauen ihn entsetzt an; er wird verlegen… stottert.

Schlapp. Sie werden schlapp sein. Es… war doch anstrengend.

BLAUBURG

Eilt auf sie zu.

Da bist du endlich, Liebling! Wir haben schon so lang auf dich gewartet. Komm, gib das schwere Ding da her.

Er nimmt ihr das Instrument ab.

Wo ist Mattke?

VERA

Er ist zu erschöpft. Läßt sich entschuldigen.

BLAUBURG

Macht nichts. Ist nicht so wichtig. Hauptsache, d u bist da!

Er küßt sie zart auf die Wange.

Du wirst Hunger haben. Hast nichts gegessen vor dem Spielen! Komm, trink zuerst etwas.

Er reicht ihr ein Glas.

Wir wollen auf deinen Erfolg anstoßen.

Alle prosten ihr zu.

ROSENZWEIG

Ich danke Ihnen. Sie waren der heile Mittelpunkt. Von Ihrer Stimme konnte man immer wieder ausgehen. Immer wieder zu Ihrer Stimme zurückkehren. Sie hatte ihr ganz eigenes, persönliches und berührendes Leben. In all der Zerrissenheit.

MEDIENCHEF

Begeistert.

Sehen Sie! Das ist die Aussage!

ROSENZWEIG

Übergeht ihn.

Ich möchte Sie begrüßen, liebes Kind.

Er schaut sie freundlich an.

Man muß immer bei seiner Stimme bleiben. Auch wenn die Anfechtung bedrohlich werden sollte.

VERA

Wie schön Sie das sagen. Das tut gut nach dem heutigen Abend. Es war nicht ganz leicht… zu bestehen… Jetzt ist mir wohler. Es ist vorbei.

Sie schaut unsicher zu Blauburg.

Und ihm hat es gefallen?

BLAUBURG

Ja, mich hat's gefreut. Und mehr. Ich weiß, daß du dich überwinden mußtest. Ich dank dir schön.

ELENA

Mit einem Blick auf Vera.

Willst du uns nicht bekannt machen?

BLAUBURG

Etwas unsicher.

Ja… das ist Vera. Das ist Elena.

Die beiden Damen reichen sich mit Abstand die Hand.

ELENA

Ich hab beinah den Eindruck, Sie waren noch nicht allzu oft im Schloß?

VERA

Schüchtern.

Es ist das erste Mal. Die Zeit. Die vielen Proben. Da war's mir lieber, er kommt zu mir...

ELENA

Sie werden sich halt eingewöhnen müssen...

BLAUBURG

Du weißt?

ELENA

Ja, auch der Ozean hat Ohren...

Blauburg geht zu Rosenzweig hinüber und läßt die beiden allein.

VERA

Sie haben nichts dagegen?

ELENA

Ja, liebes Kind, was könnte ich dagegen haben. Er ist erwachsen. Meint er. Und ich... bin allerlei gewöhnt.

VERA

Das klingt traurig. So resigniert. Bin i c h der Grund?

ELENA

Freundlicher.

Nein. Ganz gewiß. Und wenn ich Sie so seh – hab ich ein besseres Gefühl. Er hat nicht immer eine gute Wahl getroffen.

VERA

Ich weiß. Das hat ihn herb gemacht. So ist's doch, wenn man falsch die Weichen stellt, daß viele Züge dann in eine ungewollte Richtung führen.

ELENA

Etwas spöttisch.

Sie sind ja klug! Das kann er brauchen. Er ist doch immer
unterwegs.

VERA

Er flieht.

ELENA

Erstaunt.

Das wissen Sie? Jetzt schon? Wo alles doch immer nach
Aufbruch und nach Vorwärts ausschaun muß. Bei ihm. Jeder
läßt sich blenden von seiner Dynamik. Bewundert seinen
Unternehmungsgeist.

VERA

Er läuft davon.

ELENA

Verblüfft.

Aber wovor? Vor den Gerüchten? Vor den Unwahrheiten, die
man über ihn erzählt? Vor den ehemaligen Frauen? Das wäre
doch grotesk.

VERA

Nein. Nichts von alledem.

ELENA

Vor dem Erfolg? Er sucht ihn ja bei jeder Gelegenheit. Er
sucht ihn ja auch noch mit Ihnen...

VERA

Er läuft davon vor...

BLAUBURG

Kommt zurück.

Der erste Annäherungsversuch, ist er geglückt?

ELENA

Vielleicht ist er…

Sie lächelt Vera verständnisinnig an.

vielleicht ist er sogar schon viel zu weit gegangen.

BLAUBURG

Es sollt mich freuen, wenn meine »Liebsten« sich verstehn.

ELENA

Freu dich nicht zu früh. Das könnte Folgen haben, mit denen du nicht rechnen kannst. Schon mancher ist in den Abgrund hineingestürzt, über den er eine Brücke bauen wollte…

VERA

Mitleidig.

Armer Alexander. So schlimm soll's doch nicht werden.

ELENA

Kein Mitleid, liebe Vera! Ohne Absturz merkt er nichts.

VERA

Ablenkend

Was ist das für ein Zeitgerät in dieser Pyramide?

BLAUBURG

Eine Atomuhr, integriert in ein zeitgenössisches Kunstwerk.

VERA

Sie wirkt so kalt. Und fremd. Als hätte ihre Zeit so garnichts mit unsrem Leben zu tun.

BLAUBURG

Ein Meisterwerk aus einem neuartigen Kunststein, den meine Wissenschaftler nach langem Forschen eben jetzt entwickelt haben. Seine Konsistenz ist so beständig, daß er auch noch den Jüngsten Tag erleben wird.

ELENA

Wie schrecklich! Wenn unsere Vergangenheit dann auch von

ihr gemessen würde. Da gäb es kein Pardon. Was hat es auf sich mit der Pyramidenform? Hat sich da einer auch etwas dabei g e d a c h t? Der Gott mit der Welt im Schoß da draußen, der sitzt und denkt, vermittelt, wenn man genau hinschaut, in seiner Gesamtgestalt ja auch den Eindruck eines Dreiecks. Das alte Symbol für das Auge Gottes.

VERA

So hab ich's auch gesehen. Ich hab mich noch ein wenig bei ihm aufgehalten, eh ich hereinkam. Er war es, der mich hier zuerst empfangen hat… nach dem Konzert. Es ging so eine Ruhe von ihm aus im dunklen Park. So eine Stille.

ELENA

Vorwurfsvoll zu Blauburg.

Du läßt ihn überwuchern draußen von Moos und Ranken, daß man ihn fast schon nimmer sehen kann. Polierst dafür den nackten Stein der kalten Uhr, die keine Seele hat. Und stellst sie da im Innern auf. Wo sie nicht hingehört.

VERA

Sie stört ein wenig. Hier in diesem schönen Raum. Und eine Uhr muß schlagen können. Wie ein Herz.

Liebevoll.

Ganz sicher wirst du wieder hören lernen. Wozu hast du dir eine Musikerin ausgesucht?

BLAUBURG

Da habt ihr euch schon gegen mich verschworen, kaum daß ihr euch kennenlernt! Schaut einmal her.

Er nimmt einen Stein aus der Tasche seiner Jacke.

Hier seht! Das ist er.

ELENA

Nimmt ihm in die Hand.

Der Stein des Weisen?

BLAUBURG

So könnt man sagen. Mit ihm will ich mir meinen Lebenstraum erfüllen.

VERA

Ungläubig.

Mit diesem Stein?

BLAUBURG

Es ist eben jener Kunststoff. Seine Formel wird geheim bleiben. Chem-Alabaster. Hart, etwas transparent, was seine Schönheit ausmacht – und so beständig, daß er sich über Jahrtausende nicht verändern wird. Keine noch so große Hitze, keine tiefste Temperatur können ihm etwas anhaben.

VERA

Er schaut so harmlos aus.

ELENA

Man sieht ihm wirklich diese Fähigkeit nicht an. Läg er auf einem Teller, würd ich sagen: das ist ein blaßgekochtes Fleisch.

BLAUBURG

Elena! Das ist d i e revolutionäre Neuheit unsrer Forschung!

ELENA

Nein wirklich! Schön ist das Klötzchen nicht.

VERA

Und was soll damit geschehen?

BLAUBURG

Dieser Kunststein ist der Baustoff der Zukunft! Denkt euch: keine Verwitterung, keine Abnützung!

VERA

Nachdenklich.

Keine Vergänglichkeit…

BLAUBURG

Wir werden Straßen bauen, die sich wie unzerstörbare
Schlangen über die Erde winden. Häuser, Gebäude, die nicht
mehr erneuert werden müssen. Die fest sind für alle
Ewigkeit...

VERA

Leise vor sich hin.

Keine Veränderung. Immer gleich. Kein Stoffwechsel...

ELENA

Und was hat's nun auf sich mit deinem »Lebenstraum«? Ich
ahne Schreckliches.

BLAUBURG

Das sollt ihr nun coram publico erfahren.

Er wendet sich an die anwesende Gesellschaft.

Darf ich um einen Augenblick der Aufmerksamkeit bitten?

*Alle wenden sich ihm zu. Ralph erscheint mit den Rosen und dem Modell eines
ultramodernen Gebäudes mit viel Glas in (auf den Kopf gestellter) Dreiecksform.
Die Bestimmung »UP-ART-PROJECT« ist klar zu lesen.*

Mit den Rosen, die auf dem alten Boden einer vergangenen
Zeit gewachsen sind und mit der Vorstellung meines
Wunschprojektes für die Zukunft möchte ich Vera als meine
Braut heute abend zusammen mit Ihnen hier auf Schloß
Blauburg willkommen heißen.

*Alle applaudieren. Blauburg geht auf Vera zu und überreicht ihr den Strauß,
während Ralph das Modell des »Projektes« in der Mitte der Bühne auf ein
Tischchen plaziert.*
Zu Vera:

Du hast dich also entschieden? Willst es wirklich wagen mit
mir? Ich bin dir noch jung genug?

*Vera steckt verlegen das Gesicht in die Rosen; sie sagt nichts, sie lächelt nur; er
küßt ihr die Hand.*

Lassen wir, meine Damen und Herren, ihr Lächeln als positive Antwort gelten!

VERA

Mein Ja zu dir, zu deinem Leben war doch wohl heut schon

deutlich zu vernehmen. Nicht wahr? Brauchst du jetzt noch
ein Wort? Hat dir mein »musikalisches Opfer« nicht genügt?

ELENA

Vorsicht, liebe Vera! Wer allzubald schon Opfer bringt, fordert
heraus zur Unterwerfung.

BLAUBURG

Sie wird frei sein. Ohne Unterdrückung. Und mir ein neues
Leben geben. Musik.

Er schaut Vera innig an.

Es stehn dir alle Türen offen, Liebes… Fast alle… Mit dir will
ich neue Wege gehen. Fort von der Tyrannei der alten, einge-
fahrenen Straße, die uns in ihre Spuren zwingt.

Er wendet sich dem Modell zu.

Und das ist es nun! Das »Projekt«! Das in der letzten Zeit
sosehr die Gemüter erhitzt hat. Sie wissen es, meine Damen
und Herren. Und ich möchte mich bei Ihnen besonders bedan-
ken für Ihr Interesse und die Unterstützung, die Sie mir für die
Realisierung meiner Pläne zugesagt haben. Sie alle waren
bereits Ihres Wohlwollens wegen harten Attacken ausgesetzt
durch die Presse und die alternativen Parteien. Aber Sie haben
verstanden, daß es hier um die Verwirklichung eines
Vorhabens geht, das unserer Stadt – ja unserem Land – eine
kulturelle Attraktion bescheren wird, die einen enormen
Gewinn bedeuten kann.

Unser »UP-ART-PROJECT« wird eine besondere Gruppe von
Künstlern und Interessierten anziehen, die auch den Durch-
schnittsbürger für das Außergewöhnliche der Gegenwartskunst aufmerksam werden lassen. Und diejenigen, welche für
das Musische weniger Sinn haben, werden gewiß wirtschaft-
lich zu überzeugen sein: nämlich durch Steigerung der Um-
wegrentabilität. Ein Anwachsen des Tourismus wird vielen
Wirtschaftszweigen unserer Stadt und somit allen Bürgern
und Landsleuten größeren Wohlstand bringen. Das heißt: das
gefürchtete Wort »Arbeitslosigkeit« wird in unserer Region
künftighin ein Fremdwort sein…

Alle applaudieren.

Außerdem haben wir die Chance, das Auge der Welt auf uns

zu lenken, wenn wir hier ein kulturelles Zentrum der
»Aufwärts-Kunst«, dieses »UP-ART-PROJECT« schaffen,
das sich über kühnste Versuche moderner Museen an anderen
Orten wird behaupten können.

*Alle applaudieren und betrachten das vor ihnen stehende Modell; Elena hält sich
nahe bei Rosenzweig.*

ELENA

Entsetzt.

Ein auf den Kopf gestelltes Dreieck!

VERA

Ungläubig.

Ist denn so eine Konstruktion überhaupt möglich?

SCHUTT

Stolz.

Ein Wunder der Technik!

BLAUBURG

Ein Weltwunder!

MINISTERIN

In Ansätzen kannten wir das Modell ja schon…

OBERBÜRGERMEISTER

Wir haben uns viel damit beschäftigt.

CORA

Unglaublich!

BLAUBURG

Ganz in seinem Element.

Und es wird immer in Bewegung sein. Wie die Erde. Es dreht
sich. Ganz langsam. Fünfzehntausend Kubikmeter umbauter
Raum drehen sich in zwölf Stunden einmal um sich selbst.

SCHUTT

Dieser technische Dreh…

Er lacht.

...kostet allein schon mehrere Vermögen...

BLAUBURG

> Das Bauwerk dehnt und weitet sich – wie Sie sehen – nach oben. Macht sich auf. Nach immer mehr Licht. Nicht wie die alten Türme, die wie Nadeln in den Himmel stachen. Hier ist alles offen für das Spiel mit dem Licht. So werden die Exponate der Objekt-Kunst voll zur Geltung kommen.

ELENA

Nahe bei Blauburg, ganz ernst zu ihm:

> Wo? Schau mir in die Augen, wenn du mir die Antwort gibst. Und w o soll dieser Bau errichtet werden?

BLAUBURG

> Kannst du's dir denn nicht denken?

ELENA

> Ich will es von d i r hören.

BLAUBURG

> Elena! Nicht jetzt. Nicht hier. Wir werden morgen Zeit haben.

ELENA

> Doch. Hier und jetzt. Schau mich an und sag es mir.

BLAUBURG

> Zwischen den Flüssen.

ELENA

> Zwischen den Flüssen? Du nimmst das als Metapher?

SCHUTT

> Als was?

BLAUBURG

Überrascht.

> Ja, das ist gut. Das gefällt mir.

ELENA

Es ist nicht gut. Nicht so. Und wenn wir schon bei der
Symbolik bleiben wollen: Es gibt Verbindungen, die nicht für
alles taugen.

BLAUBURG

Wie auch. Der Platz ist gut gewählt.

ELENA

Die unberührte, schöne Landschaft mit ihren Blumen,
Pflanzen und Tieren. Erinnerung an einen alten Tempel.
Zerstört. Ausgelöscht. Für Licht, das durch so einen Trichter
in die Erde fließen soll. Das willst du wirklich?

BLAUBURG

Elena!

ELENA

Verlorenes Licht. Das nichts mehr weckt, außer die Eitelkeit.
Die Selbstgefälligkeit des Originellen. Des immer wieder
Neuen und Neueren. Wie hab ich diese Aufbruchs-Sucht so
satt, die nichts mehr von den alten Werten weiterträgt.

MINISTERIN

Sie leben in der Neuen Welt...?

ELENA

Wo ich auch immer bin! Hier ebenso – wie drüben. Denn
diese alte hier, die will sich selbst vergessen. Saugt gierig nur
das Fremde ein. Nichts wächst da mehr organisch. Alles ist
durchsetzt, trivialisiert. Und dann die Oberflächlichkeit der
Sprache! Diese Verarmung. Bald hör ich mehr Amerikanis-
men hier als dort. Was ist denn nur geworden aus den »Dich-
tern« und den »Denkern«.

ROSENZWEIG

Tröstend.

Die gibt es noch. Nur denken sie heut über andre Dinge nach.
Das will auch ernstgenommen werden.

ELENA

Und was ist mit der Kunst? Nehmen wir doch das Theater her!

Zur Ministerin:

Sehen Sie eigentlich, was dort geschieht? Theater verstand man ehemals als einen Ort der Läuterung, an dem man in Begegnung mit dem Göttlichen geheilt wird. Und heute? Gehen Sie einmal hinein in freudiger Erwartung! Sie werden herauskommen: erschlagen und entmutigt. Krank. Dort gibt es keinen Zauber mehr und keine Heilung. Auch nicht durch Aufdeckung der Übel. Nur stundenlanges Zetern, intellektuelles Lamentieren. Ist denn dadurch schon irgendwo etwas gebessert worden? Wo bleibt die Schönheit, wo die Phantasie? P u b l i k u m s n ä h e nennen das die Herren Regisseure, wenn Blut bis in die fünfte Reihe spritzt. Und neulich in der Oper! Figaro will Hochzeit halten. Und die Susanna wird vom Grafen vorher vergewaltigt. Und das in aller Deutlichkeit. Zu Mozarts Musik. Gibt es denn keine Grenzen mehr? Wollen das die Leute wirklich sehn?

ROSENZWEIG

Da hat sie recht. Was kann die Nacktheit noch entblößen…? Die Dinge frieren. Man müßte wieder einen Mantel breiten über sie. Durchsichtig darf er ja sein…

BLAUBURG

Elena. Du übertreibst.

ROSENZWEIG

Ich kann sie gut verstehn. Mir geht es ähnlich. So wie ihr. Doch ich bin alt. Richt meinen Blick schon mehr nach innen. Da wächst ein Raum, der ausschließlich mich selbst zum Architekten hat. Und vielleicht… den lieben Gott.

ELENA

D e r m ü ß t hier eingreifen. Wenn er schon Menschen geschaffen hat, die nichts mehr spüren und nicht denken können. Die blind und taub sind. Ohne Verantwortung, Gefühl und ohne Vernunft.

BLAUBURG

Jetzt gehst du zu weit.

ELENA

Zuerst zornig, dann eher traurig.

Nein! Ich versteh dich nicht. Wenn das dein Vater wüßt…
Hier, wo es gälte, alle Kraft zur Rettung des Bestehenden ein-
zusetzen… Aber ich seh und fühl es ja überall: Pan bläst nicht
mehr auf seiner Flöte. Sein geheimes Land ist zementiert. Die
Nymphe tot. Die Bäume sterben. Eros ist in den Porno-Shops
erstickt. Die Bühnen des Lebens sind rot vom Blut der
Verbrechen. Aus Enthüllung wurde die Demaskierung unserer
Spezies… Enthemmung und Freigabe. Für alles.

BLAUBURG

Elena. Nicht hier. Bitte. Nicht jetzt.

ELENA

Doch. Jetzt und hier. Exzesse sind noch immer à la mode.
Alles ist ausgereizt. Was kann es da noch geben als
Betäubung? Träume von Gift erzeugt. Aber die Sucht ver-
schlingt ihre Kinder. Nein, nein. Wir sind zu weit gegangen.
Viel zu weit. Und jetzt sind auch die Frauen noch im
Vormarsch. Eins, zwei, drei. Eins, zwei, drei. Was wird sich
wohl zum Guten wenden, wenn sie erst M a c h t in Händen
halten?
Verzeihen Sie mir, meine Damen. Und auch meine Her-
ren. Das ist ein Schmerz. Ein großes Leid. Nicht nur für
mich. Europa hat sich selbst verloren. Das Abendland… Die
Welt…

ROSENZWEIG

Die Kriege teilen immer alles auseinander… Und danach ist
es schwer, dort wieder anzuknüpfen, wo die Zerstörung ihren
Anfang nahm.

ELENA

Man hat die Warner überhört: Spengler, Karl Kraus und
Orwell und all die anderen. Ja sieht denn keiner mehr, welch
ungeheurer Macht wir in die Arme laufen? Wir glauben f r e i

zu sein und sind nur Sklaven vom »Vorwärts-Trend« und von Maschinen. Die alles steuern und erfassen werden. Und letztlich alles wissen über uns und uns bestimmen. Wir alle werden in den Schlingen der Paragraphen hängen bleiben.

ROSENZWEIG

Kind! Liebes Kind! Beruhigen Sie sich doch. Auch diese Zeit wird ihren Ausweg finden. Die »gute alte Zeit« gab es wohl nie – so, wie wir sie uns denken. Und wer das Eigenste riskiert und preisgibt...

ELENA

Unbeirrt.

Die Demut fehlt. Ja! So ist es. Sagen Sie heute einmal die Worte: *demütig, heilig* und *getreu.* Man wird Sie auslachen und in die Kirche schicken. Ins Pro-Domino-Reservat, in dem Kultus-geschützte Greise ihre Gesetzestafeln an die Wand hämmern.

BLAUBURG

Betroffen.

Nun ist es aber genug.

ROSENZWEIG

Laß sie. Jetzt ist wohl doch die Zeit dafür. Jetzt und hier.

Die anderen, welche etwas peinlich berührt von Elenas Worten dabeigestanden sind, lockern sich etwas.

Es gibt so Schicksalsstunden, in denen etwas aufbricht und geschieht. Wir sollten sie zulassen.

Auch Elena beruhigt sich durch Rosenzweigs Worte.

ELENA

Zu Blauburg:

Und jetzt auch du. Tust das Deinige dazu! Ich hätt das nie geglaubt. Das nicht!

CORA

Will Partei ergreifen.

Es gibt aber immer auch Leute, die sich gegen die Zeitströmung stellen wollen.

ELENA

Überhört Cora.

Abtrünnige seid ihr alle. Man darf nicht so abtrünnig werden. Das ist Frevel.

ROSENZWEIG

Am Ende einer jeden Kultur ist es so, daß Neues das Alte überwuchern will.

ELENA

Und wir können uns nicht dagegen wehren?

ROSENZWEIG

Wehren schon... Das macht uns aus, daß wir das Gute bewahren wollen. Und doch können wir den Fluß nicht aufhalten. Uns nicht dem Neuen ganz verschließen. Leben ist Veränderung.

ELENA

Zu den Politikern:

Und Sie? Sie haben all dem zugestimmt? Für »Umweltrentabilität«...?

OBERBÜRGERMEISTER

Noch ist endgültig nichts entschieden.

LANDESPRÄSIDENT

Planungsausschuß, Kulturausschuß, Naturschutzbehörde, Denkmalschutz und schließlich der Gemeinderat müssen...

OBERBÜRGERMEISTER

...sich noch mehrmals damit auseinandersetzen.

CORA

Ich habe für das Fernsehen im Kultur-Journal zur Unterstützung des Projektes eine positive Reportage vorbereitet. Ich finde die Idee gigantisch.

MEDIENCHEF

Zu Elena:

So einseitig – verzeihen Sie – so antiquiert kann das doch nicht gesehen werden. Ja, haben Sie sich denn noch nie mit der Gegenwartskunst auseinandergesetzt?

ELENA

O doch. Gewiß, Herr Dr. Wank. Da gibt's schon manches, das bewegt und anrührt. Und einem das Herz aufreißt. Wo man Verzweiflung spürt und Angst, weil diese Welt – und auch der Mensch – nicht anders sind, als sie's halt eben sein können. Weil an Haß und Betrug und Not kein Mangel ist auf dieser Erde. O ja. Das gibt es auch. Noch ist die Kunst nicht tot.

MEDIENCHEF

Na, sehen Sie…

ELENA

N o c h nicht! Denn man bemüht sich heute ja viel mehr, das Exzessive als das Außerordentliche zu schaffen. Um Originalität zu demonstrieren, scheint vielen jedes Mittel recht. Und die Thematik ist ja immer fast die gleiche: Grausamkeit, Perversität. Und Blasphemie. Kaum irgendwo ein Hoffnungsschimmer, Zuversicht – oder gar das Schöne, das diese Welt doch auch noch in so reichem Maß zu bieten hat. Wie können wir denn weiter existieren, wenn wir das Leben nur so einseitig trost- und lichtlos sehen? Manchmal kann ich mich des Eindrucks nicht erwehren, daß geradezu eine Absicht verfolgt wird, mit gewissen Darstellungen Lust an Gewalttätigkeit zu provozieren…

MEDIENCHEF

…damit der Betrachter gezwungen wird, die Bleikammern

seiner eigenen Seele aufzubrechen und sich seiner unter-
drückten Triebhaftigkeit bewußt zu werden.

ELENA

Vielleicht. In dem einen oder andern Fall. Aber glauben Sie
wirklich – oder sehen Sie gar irgendwo ein Zeichen – daß
Menschen, die zum Bösen fähig sind, durch eben jene mehr
oder minder künstlerischen Aussagen zu einem höheren
Bewußtsein finden und an ihrem Tun sich hindern lassen?
Und hat die Kunst – die wahre Kunst – nicht außerdem noch
eine andere Bestimmung?

Vielleicht den so bedrängten Seelen, die ihren Fragen keine
Antwort finden in der Erschöpfung unsrer Zeit, ein G l ü c k
zu schenken. Beglückung zuzumuten…

MEDIENCHEF

Ich weiß ja wirklich nicht, verzeihen Sie, was Sie nun unter
Kunst verstehen…

ELENA

Erzürnt.

Genau das ist es, was ich Ihnen und Ihren Kollegen der inter-
nationalen Kulturpresse zum Vorwurf mache: Daß Sie fest-
schreiben, w a s Kunst ist und was man für gut oder schlecht
zu halten hat.

MEDIENCHEF

Wieso? Es kann ein jeder sich ja doch sein eignes Urteil bilden.

ELENA

Die Leute sind desorientiert. Verunsichert. Kommen ohne
umfassende Bildung aus ihren zweckbezogenen Schulen.
Kennen sich nicht aus. Weder mit ihrem Geschmack, noch
mit dem eigenen Gefühl. Faseln jeden Unsinn nach, der
ihnen in Ihren – teils preisgekrönten – Abhandlungen und
Rezensionen vorgesetzt wird. Nur, um ja nicht als inkom-
petent zu gelten.

MEDIENCHEF

Von oben herab.

Aber, sehr verehrte gnädige Frau, das dürften Sie nun doch
wohl nicht ganz richtig sehen.

ELENA

Sie wissen ganz genau, wie man Meinung manipuliert.

MEDIENCHEF

Erlauben Sie…

ELENA

Ach ja, es ist doch wahr! Da schmiert irgendein Zeitgeistbe-
gnadeter etwas unappetitlich Unaussprechliches auf einen
unschuldigen Grund. Auf ein »Rein-Leinwand«. Keiner kann
etwas damit anfangen. Eigentlich kommt jedem das Grausen,
der sich damit konfrontiert. Der Ekel. Sie aber werden darüber
berichten und werden »dieses phänomenale Kunstwerk« lob-
preisen und feststellen, daß es sich um das »Gerade-Noch-
Sagbare«, um den letzt- und bestmöglichen schöpferischen
Ausdruck eines zeitgenössischen Malers handelt, der da um
»innere Befreiung gerungen« hat. Zumindest könne man ihn
mit Goya oder Van Gogh vergleichen. Das ist dekadent. Das
ist morbid. Und das ist Lüge. Und die Leute sagen Ah und Oh
und zeigen damit an, daß sie zu den In-Sidern gehören. Und
diese »Kunst« verstanden haben.

BLAUBURG

Elena, du weißt, wie ich dich mag. Und wie ich deinen kriti-
schen Verstand schätze. Aber ich glaube, du hast uns allen
heut den Abend verdorben mit deinem Monolog. Du bist
befangen – nein gefangen im Käfig der Vergangenheit!

ELENA

Und was tust du? Verdirbst du nichts?

MINISTERIN

Zu Elena:

Sie sollten diese Angelegenheit vielleicht auch einmal von
einer positiveren Seite sehen.

ELENA

> Entschuldigen Sie, Frau Minister, mir kommt das alles vor wie
> ein Komplott. Keiner spricht ein Wort über die Menschen, die
> hier ihre Heimat haben und denen so ganz einfach ein Stück
> von ihrem noch heilen Lebensraum weggenommen werden
> soll. Ja, wer fragt denn d i e ?

Während Elena spricht, öffnet sich leise die Eingangstür. Judith und Gernot
erscheinen und bleiben im Türrahmen stehen.

GERNOT UND JUDITH

Laut vernehmlich:

> W I R !

Alle wenden sich überrascht zur Tür, wo die beiden stehen.

JUDITH

> Ja. W i r haben sie gefragt. Erlauben Sie uns hereinzukom-
> men, Herr Doktor Blauburg?

BLAUBURG

Versucht seiner Überraschung Herr zu werden und gute Miene zu machen.

> Nun, wenn Sie schon da sind…

JUDITH

> Dürfen wir uns vorstellen: das ist Gernot Willig, Gemeinderat
> der Grünen. Ich bin Judith

Sie zögert.

> …Judith… Markhoff.

BLAUBURG

Sein Gesicht hellt sich auf.

> Doch nicht die Tochter des Bankiers? Ferdinand Markhoff ist
> ein guter, alter Freund. Bitte kommen Sie doch näher. Ich
> freue mich.

JUDITH

> Ein Grund zur Freude ist hier kaum gegeben. Ich komme nicht
> als Tochter meines Vaters. Wir beide haben eine andere
> Mission. Sie gestatten, Baron von Blauburg.

Sie entrollen ein Transparent, auf dem geschrieben steht:

»WAS DU ERERBT VON DEINEN VÄTERN,
VERDIRB ES – UM ES ZU BENÜTZEN!«

SCHUTT

Das ist ein starkes Stück.

MINISTERIN

Ungeheuerlich.

CORA

Einfach hier einzudringen…

MEDIENCHEF

…in eine private Gesellschaft.

OBERBÜRGERMEISTER

Zum Landespräsidenten leise:

Ich hab von dieser Judith schon einiges gehört. Sie kann keine
Ruhe geben.

JUDITH

Verehrter Herr Oberbürgermeister,…

Sie entrollt ein Papier.

…hier überreiche ich Ihnen 14.000 Unterschriften gegen das
Projekt in der Blau-Au.

GERNOT

Die Bevölkerung und wir werden nicht zulassen, daß durch
Packelei und Hybris einer oberen Schicht dieses…

JUDITH

…kostbare Gebiet zerstört wird.

*Sie pflanzen sich mit dem mitgebrachten Transparent so auf, daß dieses genau
über dem Modell zum Publikum gerichtet ist.*

LANDESPRÄSIDENT

Begütigend.

Meinen Sie nicht, daß wir an einem anderen Ort darüber diskutieren sollten?

GERNOT

Selbstverständlich. Noch an vielen anderen Orten.

JUDITH

Ironisch.

Aber, wenn wir Sie gerade einmal alle so schön beieinander haben, wollten wir die Gelegenheit nicht versäumen –

BLAUBURG

Welcher Gefallen an Judith findet, bekommt die Situation in Griff, indem er den Gastgeber spielt.

Wie wär's mit einem Glas Champagner? Ach so, Sie haben die Hände ja nicht frei. Ralph! Bitte schicken Sie die beiden Mädchen, daß sie derweil das Transparent da halten können.

Ralph holt die Mädchen, die nach anfänglicher Weigerung von Judith und Gernot dann doch an deren Stelle diese Aufgabe übernehmen.

BLAUBURG

Zu Judith, indem er selbst die gefüllten Gläser anbietet.

Wir wollten heute auf den Erfolg trinken. Also tun Sie mit. Vielleicht…

Er lächelt charmant und selbstsicher.

…ist es der Ihre.

Judith, an Höflichkeit gewöhnt, nimmt an und trinkt mit Blauburg.

GERNOT

Unwillig.

Ich trink nur Wasser. Wenn möglich – unverseuchtes.

BLAUBURG

Zu Ralph:

Ein Glas Wasser für den Herrn Gemeinderat.

JUDITH

Herr Willig ist unwillig. Er hat recht. Macht keine Zugeständnisse. Mich hat mein Elternhaus verdorben.

Ralph bringt Gernot das Wasser.

BLAUBURG

Judith... Judith... Da fällt mir so eine alte Geschichte ein.

JUDITH

Eine alte Geschichte. Das sollte mich wundern. Ich denke: Ihnen fällt immer etwas Neues ein.

BLAUBURG

Judith... ging ins Zelt des Holofernes... bräutlich gewandet und geschmückt fürs Liebeslager...

JUDITH

...bevor sie ihm den Kopf abschlug.

BLAUBURG

Wollen Sie das auch tun?

JUDITH

Wenn's nötig ist.

BLAUBURG

Betrachtet sie interessiert.

Mit dem ersten Teil der Geschichte wär ich ja einverstanden...

JUDITH

Es ist bekannt, daß Sie die angenehmen Seiten des Lebens nicht verachten.

BLAUBURG

Die Enthauptung allerdings – die würd ich zu verhindern wissen.

JUDITH

Dann paßt die Geschichte nicht. Man kann nicht alles richten,

wie man will. Und – außerdem – erzählt man solche Grusel-
märchen eher über Sie...

BLAUBURG

Lacht.

Sie sollten einmal sehen, wie gut es meinen Frauen geht, seit
sie mich los sind.

JUDITH

Spricht mit Grabesstimme.

Sie alle sind verschwunden.

BLAUBURG

Was sollten sie noch hier. Nach den Scheidungen. Etwa mir
auch den Kopf abschlagen?

In etwas spöttischem Ton zu allen Anwesenden:

Nach diesem Schrecken darf ich Sie wohl nun alle zum Buffet
nach nebenan bitten. Wir können gewiß eine kleine Stärkung
brauchen.

Zu Judith und Gernot:

Ich darf Sie doch auch einladen?

*Ralph öffnet die Tür ins Nebenzimmer, Blauburg nimmt Veras Arm und geht mit ihr
voraus durch die Tür nach links ab. Alle übrigen folgen. Nur die Mädchen, die das
Transparent halten, bleiben mit ziemlich dummen Gesichtern an ihrem Platz und
schauen starr ins Publikum.*

Der Vorhang fällt.

3. Bild

Schöner, etwas diesiger Sommertag. Naturbelassene, grüne Flußlandschaft. Schilf. Blumen. Büsche und Bäume. Grillen. Vogelgezwitscher. Tierlaute. Ein abgebrochener Säulenstumpf ungefähr in der Mitte der Bühne. Seitlich eine Geometer-Meßlatte. Vera – in einem hellen, leichten Sommerkleid – sitzt an den Säulenrest gelehnt im Gras. Blauburg, die Ärmel hochgekrempelt, liegt mit dem Kopf in ihrem Schoß. Man hat Zeit, sich mit dieser Szene und Stimmung vertraut zu machen. Der folgende Dialog fließt langsam, beinahe träge. Dazwischen immer wieder die Laute der Natur. Die innere und äußere Ruhe der Idylle soll sich auf den Zuschauer übertragen.

VERA

Und niemand ist jemals mehr da hineingegangen?

BLAUBURG

Niemand. Ich hab es verboten.

VERA

Warum?

BLAUBURG

Frag mich nicht. Nicht auch du.

VERA

Ich kann's mir nicht vorstellen. Du hast da so ein großes Schloß. Und kennst die Räume nicht einmal. Bei uns zu Haus war alles so beengt und klein, daß man die letzte Ecke nutzen mußte. Kannst du dir denken, daß ich das nicht begreif?

BLAUBURG

Laß es dabei bewenden.

Sie schweigen.

VERA

Spielt mit leichten Fingern in seinem Haar.

Schön ist das Silber in deinem Haar. Es legt Licht um dein Gesicht. Ich bin froh, daß ich dir erst jetzt begegnet bin.

BLAUBURG

Du meinst – es hätte dich der »schwarze Mann« vielleicht erschreckt?

VERA

Schon möglich.

BLAUBURG

Bläht sich auf.

Hättest mich sehen müssen in der Blüte meiner Jugend...

VERA

Ich mag dich so wie du bist und wie du sein wirst... weiß und weise.

BLAUBURG

Du traust mir zu, daß ich weise werde?

VERA

Warum nicht? Ich werd ein wenig nachhelfen.

Sie lächelt.

BLAUBURG

Ich hoffe, ich enttäusch dich nicht...

VERA

Wenn du mich enttäuschst, hab i c h einen Fehler gemacht.

BLAUBURG

So darfst du das nicht sehen. Niemals. Hörst du. Du nicht.

VERA

Ich will dir gut.

BLAUBURG

Ich weiß.

VERA

Ich kann Elena verstehen.

BLAUBURG

Was meinst du?

VERA

Ich hab mitunter auch so ein Heimweh. So eine unbestimmte Sehnsucht. Aber dann hilft mir die Musik.

BLAUBURG

Ich bin solchen Stimmungen immer aus dem Weg gegangen. Ich hatte immer viel zu viel zu tun.

VERA

Hattest du Angst?

BLAUBURG

Wieso denn Angst? Wovor sollt ich mich denn fürchten?

VERA

Vor dir selbst, vielleicht.

BLAUBURG

Vor mir?

VERA

Vor deinem tieferen Ich.

BLAUBURG

Was soll das heißen?

VERA

Es gibt da so etwas in uns... so etwas Unbekanntes, Fernes,
Fremdes... Etwas Tiefes, so unendlich Tiefes, daß man sich
fürchtet, man könnte hineinstürzen, ohne jemals irgendwo
anzukommen...

BLAUBURG

Vera! Träumst du?

VERA

Du kennst es nicht?

BLAUBURG

Liebevoll.

Nein, Ich kenn es nicht. Ihr Künstler seid da viel sensibler.
Habt mehr Empfindung und Empfindsamkeit. Früher einmal...

Er unterbricht sich.

Jetzt fühl ich nur, daß ich dich liebe.

Er küßt sie.

VERA

Und du? Du selber? Bist auch nie mehr in dieses Zimmer hineingegangen?

BLAUBURG

Nein.

VERA

Warum?

BLAUBURG

Ich hab den Schlüssel nicht mehr gefunden.

VERA

Wolltest du hinein?

BLAUBURG

Nein.

VERA

Ihr nennt es das Osterzimmer, nicht wahr?

BLAUBURG

Ja.

VERA

Warum?

BLAUBURG

Ich hab es vergessen.

VERA

Aber du erinnerst dich noch, was da drin ist.

BLAUBURG

Nein. Und ich will mich nicht erinnern und auch jetzt nicht weiter darüber sprechen.

VERA

Ich versteh es nicht. Das muß doch einen Grund haben.

BLAUBURG

Bitte Vera! Bitte hör auf, du quälst mich mit deinen Fragen.

VERA

Und mich quält, daß du ein Geheimnis hast, das dich bedrückt.

BLAUBURG

Lacht.

Das mich bedrückt? Aber Liebste, ich denk ja nie daran.

VERA

Weiß Elena Bescheid?

BLAUBURG

Zögernd.

Elena?

VERA

Ja, Elena.

BLAUBURG

Vielleicht…

VERA

Du liebst sie?

BLAUBURG

Ja, ich liebe sie sehr.

Wie entschuldigend.

Sie… ist meine Cousine.

VERA

Ich mag sie auch. War sie früher einmal dort?

BLAUBURG

Wo?

VERA

In diesem Raum.

BLAUBURG

Vera, laß!… Ja… früher…

VERA

Ich werd den Schlüssel finden!

BLAUBURG

Wozu? Das Schloß ist groß genug. Hat so viel Räume. Warum willst du ausgerechnet dort hinein?

VERA

Ich will ja garnicht hinein.

BLAUBURG

Warum willst du dann den Schlüssel suchen?

VERA

Ich möcht, daß d u hineingehst.

BLAUBURG

Erstaunt.

Ich?

VERA

Ja.

BLAUBURG

Das versteh ich nicht.

VERA

Das weiß ich. Ich liebe dich.

BLAUBURG

Du gibst mir Rätsel auf.

Sie schweigen.

VERA

Und was ist nun mit dem »Projekt«?

BLAUBURG

Zerstreut.

Ich weiß es nicht.

VERA

Wann wirst du es erfahren?

BLAUBURG

Heut. Morgen. In fünf Monaten. Es ist nicht absehbar.

VERA

Du hängst sehr daran?

BLAUBURG

Ich glaube, ja.

VERA

Ich kann mir vorstellen, daß es wirklich etwas ganz Großes werden wird. Ja, ganz bestimmt.

BLAUBURG

Du meinst?

VERA

Ja, ganz gewiß. Nur hier, an diesem Ort müßt es nicht sein –
Horch! Hörst du es?

Sie schweigen.

BLAUBURG

Ja. Die Grillen. Der Fluß, der mit dem andern sich vermählt.
Die Vögel. Und deinen Atem hör ich auch. Fühl ihn wie einen

warmen sanften Wind auf dem Gesicht. Spür ihn, wie er mich
hebt und senkt und mit sich trägt auf leisen Wellen...

VERA

Streichelt ihm über die Schläfen.

Das ist es, was dir fehlt: Viel Zeit und Ruhe. Bist immer nur
geeilt. Von einer Sache zu der anderen. Von e i n e r Frau...

BLAUBURG

Bitte sprich nicht weiter. Erspar es mir. Und dir.

VERA

Verzeih...

Pause.

BLAUBURG

Weißt du, ich hatte keine Erinnerung mehr daran, wie schön es
hier ist. Früher war ich oft da. Auch mit Elena. Sie liebte diesen Ort. Aber später hat mich diese Wildnis dann gestört. Die
ungeordnete Landschaft. Wo alles wuchert und sich vermehrt,
so wie es gerade will.

Er lacht.

Das biologische Chaos!

VERA

Und da hast du aufräumen wollen.

BLAUBURG

Ja. Mein ganzes Leben lang hab ich versucht, die Dinge auf-
zubauen und zu ordnen. Übersicht zu behalten. Das Unabseh-
bare, Vage, Unberechenbare in den Griff zu bekommen. Un-
ordnung und Nachlässigkeit waren mir zuwider.

VERA

Und da hast du dich entschlossen, das alles hier, was lebt und singt und stirbt, mit deinem Kunststein zuzudecken…

BLAUBURG

Ich faßte den Plan, hier ein Neuzeitliches Museum zu errichten…

VERA

…ein Mausoleum für die Künstlichkeit vielleicht, nicht für die Kunst…? Kennst du die Geschichte von der Chinesischen Nachtigall?

BLAUBURG

Überhört die Frage.

Und nun liege ich hier. Den Kopf in deinem Schoß. Umflossen von deiner duftenden Wärme. Und wünsche mir garnichts mehr, als nur bei dir zu sein.

VERA

Erstaunt.

Das war ja Poesie.

BLAUBURG

Früher einmal…

VERA

Was?

BLAUBURG

Zögernd.

Früher – in meiner Jugend – hab ich manchmal Gedichte geschrieben.

VERA

Dort?

BLAUBURG

Ja.

Sie schweigen eine Weile.

Das – Osterzimmer war einmal mein Kinderzimmer. Man konnte morgens dort die Sonne aufgehen sehen. Jeder neue Tag war eine Auferstehung. Bis... Ich hab es bewohnt bis zu meinem siebzehnten Lebensjahr.

VERA

Dein Kinderzimmer. Ich hab es geahnt.

BLAUBURG

Es gab da einmal einen großen Schmerz. Ich hab es abgeschlossen. Verriegelt. Zugesperrt. Vergessen.

VERA

Verdrängt? Du solltest hineingehen.

BLAUBURG

Was soll ich dort. Fast alle Zimmer sind gleich. Sie bestehen aus nichts anderem als aus Luft zwischen vier Wänden. Alles weitere denken wir uns hinein.

VERA

Scherzend.

Die Leute munkeln, daß du ein Geheimnis hast. Sie sind neugierig darauf. Möchten etwas Unerhörtes erfahren oder dann doch wieder nicht. Lieber weitermunkeln und sich alles Groteske vorstellen. Und das Groteskeste ist: sie meinen, daß du dein Geheimnis deshalb so pflegst, weil du garkeines hast.

BLAUBURG

Mein Geheimnis… aber Liebling, von welchem Geheimnis
sprichst du denn?

VERA

Ich ahne etwas… so etwas ganz Unbestimmtes… Es gibt da
Dinge, die man vor sich selbst verschweigt. Deren Schleier
man nicht lüften will. Weil man sich fürchtet. Vor Schmerz
und vor Scham. Manche versteckt man aber auch, weil man so
glücklich ist. Und niemanden hineinschauen lassen will in
sein Herz, das so voll ist von Wirrnis und von Seligkeit. Voll
von Gefühl… Du aber hast ein Geheimnis, das dein Leben
bestimmt. Viele ahnen das. Du solltest es lüften. Nicht für die
andern. Nur für dich allein. Du solltest dein Geheimnis
suchen.

BLAUBURG

Wozu? Vergangenes ist wie ein Traum. Unrealistisch. So, als
sei's nie gewesen. Stimmen erlöschen, Bilder verblassen.
Spinnen weben ihr Grau über die Dinge. Da noch ein brüchi-
ges Wort vom Band, dort eine verblichene Photographie…
Wem soll das nützen?

VERA

Ich glaub, es gibt da Räume, die durch uns hindurchgehn.

BLAUBURG

Ich muß fest sein. Klar. Die Konturen wahrnehmen. Glaub
mir, meine Tätigkeit, mein Werk und meine Arbeit verlangen,
daß ich wach bleibe. Um klare Ziele zu verwirklichen. Aufmerksamkeit…

VERA

Unterbricht ihn.

O ja. Aufmerksamkeit! Aber auch dir selber gegenüber. Das würde ich mir wünschen. Wenn man da draußen in der Welt etwas verändern will, soll man vorher vielleicht in seinem eigenen Inneren Ordnung schaffen. *Ralph erscheint. Mühsam kommt er daher. Für seine Füße war die kurze Strecke schon zu weit. Sein Atem geht schwer.*

RALPH

Herr Doktor…

BLAUBURG

Richtet sich auf.

Was gibt's?

RALPH

Der Herr Oberbürgermeister hat angerufen.

BLAUBURG

Ungeduldig.

Und? Sagen Sie schon!

RALPH

Ich soll Ihnen ausrichten, das Projekt sei bewilligt. Mit knapper Mehrheit beschlossen. Der Herr Oberbürgermeister wird sich heute nocheinmal bei dem Herrn Doktor melden.

BLAUBURG

Vera, was sagst du? Bewilligt!

RALPH

Außerdem hat der Herr Landespräsident angerufen: Frau Vera Reinthal möchte sich sogleich telephonisch beim Kulturamt melden. Das Konzert kann am zwölften Mai im Mozartsaal stattfinden.

Vera erhebt sich erfreut.

VERA

Wie schön. Danke Ralph. Ich werde sofort mitkommen.

Sie küßt Blauburg auf die Nasenspitze und erhebt sich.

Danke Alexander. Danke. Ich werde gleich zurück sein. Bleib.

Sie wickelt ihre Jacke zusammen und schiebt sie unter seinen Kopf. Und lächelt ihn zärtlich an.

Ein Polster für schöne Träume. Bis ich wieder da bin.

Blauburg bleibt liegen nach Veras Weggang und schließt die Augen. Man hat den Eindruck, er schläft ein. Dann erst fällt der

Vorhang. Der Übergang zur nächsten Szene soll möglichst rasch stattfinden.

4. Bild

Wenn der Vorhang aufgeht, ist es ganz dunkel auf der Bühne. Erst langsam geschieht gerade soviel Licht, daß man das Folgende schattenhaft und umrißartig wahrnehmen kann. Ein Schleier vor der Szene verstärkt noch den Eindruck, daß es sich eher um ein traumhaftes als um ein reales Geschehen handelt. Das aber bleibt offen... Man befindet sich in einem Raum, der nicht eingegrenzt ist.

In der Mitte vor dem hinteren Rand erkennt man eine Tür in ihrer Einfassung, die aber frei steht und keinerlei Verbindung zu irgendeiner Mauer hat. Dies soll die Assoziation schaffen, daß Innen und Außen dasselbe sind. Man kann also um den Türrahmen auch herumgehen, um in den Raum zu gelangen... Sonst ist die Bühne leer. Nur durch das Schlüsselloch der Tür fällt ein Lichtstrahl, der sich dreiecksförmig in den Raum ergießt. Dann hört man Blauburgs Stimme – aber von einem Tonband, meist flüsternd. Durch sie erfährt man Gedanken und Gefühle, die aus seinem Unterbewußtsein kommen. Zuerst wie in Trance, stockend oder in abgerissenen Worten.

STIMME

Vera… laß… nicht… dort… nicht… nicht da hinein… Nicht da zurück… dunkel…

Stille. Dann hört man einen Schlüssel, der ins Schloß gesteckt wird. Es knarrt. Und will sich erst nicht öffnen lassen. Schließlich geht doch langsam die Tür auf. Blauburgs Umriß wird sichtbar. Zuerst bleibt er unschlüssig im Türrahmen stehen. Dann wagt er kleine Schritte. Unsicher. Sieht nichts. Stolpert. Versucht einen Lichtschalter zu finden. Die Lampe geht nicht an. Aber die Tür fällt ins Schloß. Er bleibt im Dunkeln. Tastet sich vorwärts. Stolpert wieder. Geht hin und her. Sucht. Verweilt. Zündet mehrmals ein Streichholz an, das schnell wieder erlischt. Findet nichts. Man hört ihn atmen, spürt seine Beklemmung. Er bewegt sich zurück in Richtung zur Tür. Will wieder hinaus. Bleibt aber dann stehen, lauscht.

STIMME

Wo bist du?

Bist du da? In diesem Raum? Irgendwo mußt du doch sein.

Ich habe dich doch sonst nirgends in dieser Welt gefunden.

Du warst so lebendig. So klug und schön. Und hattest deine eignen Züge. Du seist tot, haben sie gesagt. Damals.

Tot… gestorben…

Es ist ein Trug, daß es dich nicht mehr geben soll.

Du bist nicht fort. Dich konnte man doch nicht begraben.

Ich sehe deine Augen noch. Besterntes Blau. Ich erkenne
deine Hände, mit denen du mich gestreichelt hast.
Ich w e i ß , daß du da bist!
Das Dunkel ist doch nur Tarnung.
Gib es endlich auf – das Spiel.
D u konntest niemals gehn. Nicht von mir.
Hier war doch dein Zuhause.
Ich hab dich eingefangen. Hier. Du konntest niemals gehn.
Aber du hast nicht mehr gesprochen. Nichts gesagt.
Mich ohne ein Wort von dir zurückgelassen.
Ohne Zärtlichkeit.

Verzweifelt verliert er die Fassung, er schluchzt.

Es war zu früh. Mutter.
Ich war zu jung noch für dein Fortgehn. Viel zu jung.
Du hast mich einfach verlassen. Hast gemacht, daß ich,
d e i n Kind, über Nacht ein Mann werden mußte!
Hart. Ohne Gefühl. Und ohne deine Liebe.

Ich habe angefangen, dich dafür zu hassen, Mutter.
Dich eingesperrt. Hier in der Dunkelheit.
Und diesen Raum nie mehr betreten, in dem du mir
Gestalten deiner Phantasie ins Leben riefst.
Hier in diesem Zimmer hast du mir Könige erschaffen und sie
gestürzt und ihre Kronen zerbrochen, wenn sie böse waren.
Hier Paläste gebaut aus Glas und Gold, aus Rittermund die
Schönheit einer Frau besungen.
Hier leuchtete Merlin in seinem Zaubermantel und Feen und
Kobolde waren zugast. Und immer hast du die Finsternis
gebannt und allem Guten nach schwerem Kampf zum Sieg
verholfen.
Ich glaubte, das sei die Wirklichkeit.

Als du fort warst aber, erfand die Phantasie, die du in mir
geweckt hast, nicht mehr jene magische Welt der Märchen

und Gestalten, sondern tausend Möglichkeiten, wie ich dich
einholen könnte – in jener andern Welt...

Du aber, Mutter, wolltest mich nicht.

Wolltest eifersüchtig dein weltabgewandtes Jenseits nicht mit
mir teilen.

Ich hab dich eingesperrt dafür. Hier drin. Wo alles noch den
Abdruck deiner Finger trug.

Ich habe zugemacht. Hörst du?

Zugemacht!

Aus Gedichten wurde Hohn und Lüge.

Das D u n k e l hat die Poesie verschlungen.

Und deine weiche Stimme, welche die Balladen sang.

Ich hab sie eingesperrt, damit i c h leben konnte.

Du lachst?

Wie hab ich früher dein Lachen so geliebt!

Es hat mich leicht gemacht. So unabhängig und geborgen.

Jetzt klingt's nicht mehr. Dein Lachen ist jetzt fahl und und
trüb.

Hast du die Welt g e k a n n t ?

Ich glaube nicht. Denn dich umgaben immer Schmetterlinge
hell und Blütenflocken.

Die Welt ist rauh. Und trotzig, Mutter!

Sie ist geil und gemein. Man muß ihr in den Rachen greifen
und sie mundtot machen, wenn man nicht untergehen will.

Gefräßig ist sie. Diese Welt. Gierig und gefräßig.

Und läßt nichts aus.

Du hast mir nie gesagt, Mutter, daß immer eines sterben
muß, damit ein andres leben kann. Und daß wir mit dem Tod
geboren sind und ihn verbreiten.

Du aber wehtest immer wie ein Hauch – in deinem luftigen
Gewand aus lichter Seide – durch den Raum. Unwirklich
fast. Und was dein Kleid anrührte, fand sein Lied.

Da draußen aber bringt e i n Mensch den andern um! Sein
Gewinn ist das Überleben. Seine Lust der Erfolg. Dort,
Mutter, hat dein Gesang nicht hingereicht. Und deine
Warmherzigkeit und Liebe zu aller Kreatur!
Und diese Hölle hast du mir verschwiegen.
Vielleicht – war sie dir nicht bekannt? Nicht s o .
Sonst hättest du es sagen m ü s s e n ! Mich warnen – eh du
gingst.

Denn ich war Parzival! Immer den Gral im Aug, den du hin-
eingepflanzt hast. Den Blick auf Monsalvatsch gerichtet hab
ich sie nicht erkannt: Die Trutzburg des Profits, wo nur das
Geld regiert.
Da fliegen keine Schmetterlinge, Mutter.
Da wird geschachert, intrigiert. Und korrumpiert und über-
vorteilt. Da haben Popanze das Sagen, die ihre Macht
vergrößern wollen.

Ich habe mich verändert.
Mußte einer von den Ihren werden, Mutter!
Dich abschütteln, um zu überstehn.
Mit meinem Weh im Herzen hab ich auf den Erfolg gesetzt.
Ich hab dich verdrängt, Mutter.
Du schweigst? Sagst nichts dazu?
Die Ideale, die du mich gelehrt hast, hab ich abgeschüttelt.
Weil sie die Welt nicht leiden mag.

Deshalb kam ich nicht mehr hierher.
Aus Heimweh und aus Scham.
Ich weiß, du würdest auch noch jetzt ein Wort der Gnade für
mich finden. Des Verzeihns.
Hättst du dich nicht ins Schweigen eingepuppt…

Ich wollt es auch nicht hören. Jetzt nicht mehr.
Könnt's nicht mehr verstehn.

Zu früh bist du gegangen, Mutter. Hast deine Pflicht nicht
mehr erfüllt an mir…
Und dann… dann… bist du in Vergessenheit geraten, Mutter.
Zu deinem Fortgehn hab ich dich noch weggedrängt.
Und mit dir allen Schöngeist, alle Poesie!
Und das, was du vertreten hast: das Gutestun und
Bessreswollen.

Hab mich in diese Welt gestürzt, um meinen Mann zu stehn.
Den Kampf gewagt. Gesiegt und will noch weiterhin
gewinnen!

Ich trag den Kopf noch aufrecht über meinen Schultern.
Denn allzu Übles hab ich nicht getan.
Und der Erfolg, der könnte dir beinah gefallen: Ich streck
den Arm nur aus und pflücke jede Blume, die ich mag.
Du würdest stolz sein, könntest du es sehen, wie leicht sie
sich in meine Hände neigen!

Und doch hab ich in jeder Frau etwas von dir gesucht.
Den Schoß aus dem ich fiel, weil er mich länger nicht mehr
tragen konnte. Den Lebensborn, in dem ich keimte, reifte
und aus dem ich dann geboren war. Geworfen in die Welt,
die keine Heimat für uns hat.
Keine Geborgenheit.

Du, Mutter, warst das Sinnbild meiner Sicherheit, Schutz
und Behütung meiner jungen Seele.
Ich war so fremd und so verloren ohne dich.
In allem Reichtum obdachlos.
Ich habe mich gehäutet, Mutter.
Hab das vergangene Alte abgestoßen wie verwelkte Zellen
einer ausgedörrten toten Haut.

Längst bin ich es gewöhnt – vorwärts gerichtet – mein
immer neues Ziel zu treffen.

Wo bist du, Mutter?

Nein, sag es nicht!

Ich weiß, du bist jetzt nicht mehr da – in diesem Raum.

Bist schon so weit entfernt von mir und meinem Leben.

Und jetzt – brauch ich dich auch nicht mehr –
Tot und vergangen. Und begraben.
Nur meine Liebe ist noch da.

*Er will zur Tür hinaus. Steht schon davor. In diesem Augenblick flammt das Licht
auf. Vera ist um die Tür hereingekommen und hat den richtigen Lichtschalter
betätigt. Blauburg findet sich vor einem Spiegel wieder, der die ganze Tür über-
zieht. Geblendet steht er sich selbst gegenüber. Vera legt ihm den Arm um die
Schulter.*

VERA

Liebevoll.

Komm mit mir hinaus.

Vorhang.

5. Bild

Bühnenbild wie zu Beginn des ersten Bildes. Über dem Schloßeingang hängt eine Plastikplane bis fast auf den Boden. Es ist Vormittag. Ferenc – einen Strohhut auf dem Kopf – ist dabei, das Moos vom Stein des alten Standbildes abzukratzen, Efeuranken, die darüberwuchsen, zur Erde abzubiegen oder abzuschneiden. Es ist still. Man hört die Vögel und die Geräusche seiner Arbeit. Elena kommt langsam und nachdenklich vom Fluß herauf. Sie trägt ein weißes Sommerkleid und die Haare offen. Sieht Ferenc. Bleibt stehen.

ELENA

> Was machst du da? Brauchst es nicht mehr. Es ist zu spät. Dies alles da – ist jetzt ja doch dem Untergang geweiht. Und morgen reis ich ab. Ich bin's so leid. Soll ich vielleicht dem zuschaun, was da nun bald geschehen wird? Ich kann es nicht. Hab jetzt gerad Adieu gesagt. Zum Fluß.

FERENC

> Zum Fluß?

ELENA

> Zum Fluß, der bleibt. Und zu den Bäumen…
> Und jetzt sag ich's zu dir.

FERENC

> So kurz nur? Bist sonst viel länger dageblieben. Ja, das ist schad…

ELENA

> Und gar so schnell werd ich auch nimmer wiederkommen. Wenn überhaupt…

FERENC

Richtet sich auf und läßt sein Handwerkszeug zur Erde fallen.

> Lenerl, das darf dein Ernst nicht sein! Wo dich das alles hier so braucht. Dein Herz und deine Treue.

Mit fester Stimme:

> Net aufgebn… Davonlaufen darf man nicht! Ja, wenn das ein jeder tät…

Er zeigt auf den »Sinnenden Gott«.

Der da, weiß immer, wo wir sind. Dem kommt man nirgends aus,

Er fährt mit der Hand über die Weltkugel.

ob man da oben ist oder dort unten. Der ist nicht außerhalb. Der ist

Er klopft auf sein Herz.

da drinnen.

ELENA

Das wäre gut…

FERENC

Weiß alles.

ELENA

Das wär auch schlimm. So gut ist keiner…

FERENC

Weiß alles.

ELENA

Wird nicht fertig mit ihrer Enttäuschung.

Das verarg ich ihm, dem Alex. Er ging zu weit. Er macht das Land hier tot. Das Andenken. Sein Erbe. Im Grunde wissen sie's ja alle. Auch die, die ihm so schön tun. Und nach dem Munde reden. Damit er j a nur da bleibt und nicht sein heiliges Geld womöglich noch an einem anderen Ort verschwendet. Wo man's doch h i e r so brauchen kann! Jasager sind sie alle! Kriecher um den Mammon! Da hat sich nie etwas geändert. Und e r ist hier das Goldene Kalb. Bald hätt ich ganz was anderes gesagt!
Weil er doch ausgewachsen ist.

FERENC

Begütigend.

Vielleicht wird es nicht ganz so… schlimm…

ELENA

Meinst, ich kann zuschaun, wenn die Bäum dort fallen? Wie
Helden in der Schlacht für eine unnotwendige Sach. Stumm.
Heroen schweigen, wenn sie fallen. Sie fallen ohne Laut.

FERENC

Schüttelt den Kopf.

Die Bäume nicht. Die stöhnen und ächzen, wenn sie stürzen.
Wenn man sie von der Wurzel schneidet.

ELENA

Das tu ich auch.

FERENC

Und dennoch können sie noch lange da sein. Als Haus und
Tisch. Als Bett...

ELENA

...und Buch. Ja, schon. Aber das ist dann ein anderes Leben.
Da geht der Saft nicht durch. Und nicht die Luft. Der Atem,
den wir alle brauchen.

*Schutt kommt eilig und aufgeregt den Weg herauf. Er trägt Pläne gerollt unter dem
Arm.*

SCHUTT

Ich habe eine Neuigkeit! Entschuldigen Sie, Guten Morgen!
Ist Alex da? Es ist sehr wichtig.

ELENA

Zynisch.

Natürlich. Wichtig! Kann's mir denken.

SCHUTT

Ich muß ganz dringend mit ihm sprechen. Er hat bestimmt
schon heut auf mich gewartet.

ELENA

Das weiß ich nicht. Ich hab ihn nicht gesehn. Und da –

Sie zeigt auf's Schloß.

kann man jetzt nicht hinein. Da wird im Augenblick gerade etwas repariert. Das kann noch lange dauern. Bis zum Abend.

SCHUTT

Sich anbiedernd.

Dann wart ich halt solang bei Ihnen.

Er beruhigt sich, hat es plötzlich nicht mehr so eilig; plump:

Um einer schönen Frau ein Kompliment zu machen, hab ich doch immer Zeit.

Er macht eine großartige Geste.

ELENA

Das können Sie sich gerne schenken. Denn Komplimente braucht nur einer, der sie nötig hat.

SCHUTT

Stolz. Immer stolz.

Er lacht.

Immer Dame. Ganz Dame. Unnahbar. Das gefällt mir. Schlagfertig auch. Ganz mein Geschmack!

ELENA

Haben Sie einen?

SCHUTT

Hoho! Ich sag es ja. Mit Ihnen ist das immer ein gespaßiger Dischkurs. Ich steh auf so etwas… Meinen Sie nicht, wir sollten uns einmal woanders treffen?

ELENA

Kann mir nicht vorstellen, daß man S i e auch i r g e n d w o nur treffen könnt…

SCHUTT

Amüsiert sich.

Sie würden staunen, was ich für Stellen hab, wo ich verwundbar bin…

ELENA

Wendet sich angewidert ab.

> Ferenc, wenn Doktor Blauburg nach mir fragen sollt, dann sag, daß ich dort bin, wo er schon weiß, daß er mich finden kann.

SCHUTT

> Der hat es gut, der Alex. Weiß schon, wo er Sie finden kann! Das wüßt ich wirklich auch recht gern.

ELENA

Aufgebracht.

> So? Dann werd ich's Ihnen sagen: Dort, wo Sie alles bald zerstören und kaputtmachen werden. Dort bin ich, wo Leut wie Sie nicht einmal ihren Fuß hinsetzen dürften…

FERENC

Eingreifend.

> …Frau Elena… ich hab da einen jungen Rosenbaum mithergebracht. Der wird blutrote Rosen haben, wenn's soweit ist. Wollt ihn da einpflanzen jetzt für Sie. Nah beim Haus. Daß er dann blüht, wenn Sie im andern Sommer wiederkommen. Sie wissen schon…

SCHUTT

> Haha. Schau einmal an. Jetzt auch der Gärtner noch! Die Dame verdreht mit ihrer Schönheit wohl noch allen hier den Kopf. Sie sind eine Hexe, Elena.

ELENA

> Dann hätt ich S i e schon lange weggewünscht!

Blauburg kommt mit Vera vorsichtig, um nichts zu beschädigen, unter der Plastikplane aus dem Schloßeingang hervor.

BLAUBURG

> Du, Schutt?

SCHUTT

> Ja, Schutt. Überall, wohin man schaut, nur Schutt.

ELENA

Wie wahr…

SCHUTT

Mit gespielter Traurigkeit.

Sie mag mich nun einmal nicht leiden. Der Himmel weiß, warum.

Zu Blauburg:

Kannst du da nicht vielleicht einmal vermitteln, Alex? Wär doch die rechte Frau für mich. Die schöne Helena…

Er lacht.

D i e würd ich gerne auch entführen.

Erinnert sich, warum er gekommen ist.

Ach so, ach ja. Fast hätt ich's ganz vergessen, Alex.

Er lacht.

Deine Cousine hat mich so in Atem gehalten, daß mir das Wichtigste schon fast entfallen wär.

BLAUBURG

Ja, so sind sie halt, die Frauen.

SCHUTT

Vergißt sich beinah wieder.

Ja, ja…

Aber dann wichtigtuerisch:

Also zur Sache: Es geht alles klar! Ich hab's geschafft, daß morgen früh die Bäume gefällt werden und dann sofort danach schon mit dem Aushub angefangen werden kann. Da sind die revidierten Pläne.

Er übergibt Blauburg die Rollen.

BLAUBURG

Etwas abwesend.

Morgen…

SCHUTT

Stolz.

> Ja. Super. Nicht? Da hab ich mich ins Zeug gelegt. Komm schon! Wo bleibt mein Lob, die Anerkennung? Du konntest es doch nicht erwarten.

Triumphierend.

> Ich hab's erreicht! Schon morgen…

Zu Elena:

> Sehn Sie, was ich für Eigenschaften hab? Jetzt kann's dann losgehn, morgen früh.

BLAUBURG

Versonnen.

> Morgen… Gott helf. Komm einen Augenblick mit mir hinein. Es ist da drin zwar alles jetzt in Unordnung. Wir werden aber schon ein Platzerl finden, um alle weiteren Schritte zu besprechen.

Elena und Vera bleiben allein. Ferenc, der inzwischen den Rosenstock eingpflanzt hat, schickt sich an fortzugehn.

ELENA

Zu Ferenc:

> Ich hab mich ja noch nicht bedankt bei dir. Hast mir schon eine rechte Freud gemacht. Ich wollt es vor den anderen nicht sagen.

Sie lächelt.

> Das ist nur etwas zwischen dir und mir.

Sie erinnert sich an Vera.

> Vielleicht fällt dir für deine neue Herrin da auch noch so etwas Schönes ein?

Sie lacht.

> In deiner »blühenden« Phantasie…?

VERA

> O ja, Herr Ferenc. Daß ich auch etwas hab, mit dem ich leichter Wurzel fassen kann in dieser Erd.

ELENA

Vielleicht ein Rosenstock in weiß? Schneeweißchen und Rosenrot vor Blauburgs Tür?

Elena und Vera schauen sich an und lachen; Ferenc versteht es nicht.

VERA

Erklärt.

Wissen Sie, das ist ein altes deutsches Märchen. Handelt von zwei braven Mädchen…

ELENA

Die eine braun, die andre blond. Und von einem Prinzen. Wie könnt's auch anders sein…

VERA

Von z w e i Prinzen! Der andre wird gewiß auch noch gefunden werden.

ELENA

Einer genügt derweil! Der ist noch ganz ein Bär.

FERENC

Schmunzelt.

Der wird sein Fell noch ablegen. Hat eine gute Haut darunter…

Er nimmt sein Gerät und geht ab.

ELENA

Zu Vera:

Und wie geht's dir? Kommst du zurecht mit deinem Bären? Und da im Haus?

VERA

Ein wenig fremd noch. Vieles. Aber groß und schön. Und wenn ich spiel und üben muß, dann klingt es wunderbar. Da drin.

Zeigt auf's Schloß.

Dann öffnen sich die weiten Räume durch Musik. Gehören mir – bis in die letzte Kammer.

ELENA

> Bis in die letzte Kammer?

VERA

> …nur wenn ich Cello spiel. Sonst nicht. Sonst schau ich drauf, daß i h m sein Eigenes gehört.

ELENA

> Es war schon bald zu sehn, daß du ihn gut verstehst. Man muß ihn nehmen wie er ist…

VERA

> Ja, wie er ist… Wie ist er denn?

Beide lachen.

ELENA

> …anders…

VERA

> …ganz anders…

ELENA

> Man muß ihn immer wieder suchen

VERA

> …und neu entdecken.

ELENA

Nachdenklich.

> Wie jeden Menschen.

VERA

> Wie uns alle…

ELENA

> …wenn jemand sich die Mühe macht…

VERA

> …unser Geheimnis aufzuspürn.

ELENA

Ich mag dich. Bin froh, daß du gekommen bist. *Zu ihm.*

VERA

Ich auch. Ich mag dich auch. Bleib nicht zu lange fort. Ich weiß, daß er dich liebt. Schon immer...

ELENA

So? Meinst du wirklich?

VERA

Er hat es mir gesagt. Ich glaub, er liebt uns alle beide. »Schneeweißchen und Rosenrot«.

Sie lachen.

ELENA

Obwohl ich ihm so oft dagegen red? Am liebsten seine Plän durchkreuzen würd? Ihn wiederhaben wollt, so wie er früher einmal war? Ich mein – manchmal...

VERA

Ja, das geht nicht! Da würd der Mensch ja keinen Fortschritt machen. Stehnbleiben. Da ist doch jeder Irrweg besser...

ELENA

Vielleicht. Da läßt sich manchmal etwas lernen... Manchmal auch nicht.

VERA

Du hast die Mutter noch gekannt? Wie war sie denn?

ELENA

Schön. Wunderschön. Ich hab sie sehr bewundert. Aber ich war erst zehn, als sie so plötzlich starb. So unerwartet. Für mich war sie auch vorher schon ein Engel.

VERA

Das muß ihn sehr getroffen haben.

ELENA

Es war ein Schock. Er war sehr krank danach. Und hat sich lange nicht erholt. Vielleicht bis heute nicht...

VERA

Das erklärt manches. Du weißt viel mehr von ihm als ich wohl jemals wissen werde.

ELENA

Ausweichend.

Mein Gott – die vielen Jahr –

VERA

Gehemmt.

Anfangs – versteh mich bitte recht – anfangs, da hab ich mich gefragt, warum ich garnicht eifersüchtig bin, wo dich und ihn ja doch soviel verbindet. Soviel, wie ich mit ihm wohl niemals...

ELENA

Das muß dir nicht Gedanken machen.

VERA

Nein, nein. Das ist es ja. Versteh, ich habe mich gefragt, warum nicht du – ich meine – warum konntest denn nicht d u ihm...

Sie hält ein.

ELENA

Du wolltest sagen: ...ein Wegweiser sein?

VERA

...wo eure Gefühle doch so zusammenstimmen und es niemandem verborgen bleiben kann, wie sehr...

ELENA

Nachdenklich.

Niemandem verborgen? Ach ja, meinst du? Wirklich? Niemandem verborgen?

VERA

Unsicher.

Ja, verzeih. Du liebst ihn auch, nicht wahr? Hast ihn wohl immer schon geliebt? Bitte verzeih, ich will nicht in dich dringen.

ELENA

Faßt sich.

Nein, nein. Sprich es nur aus, Vera. Dir gegenüber will ich offen sein und dich nicht täuschen. Es ist das erste Mal, daß ich darüber spreche. Ja, es ist wahr: ich war ihm immer gut und werd es auch – solang ich lebe – bleiben. Aber…

VERA

Leise vor sich hin:

Ich habe es geahnt.

ELENA

Aber unsere Liebe – das heißt die Liebe, so wie sie zwischen Mann und Frau verstanden werden kann, ist lang vorbei. Ja. Ja – lang vorbei… Das sollst du wissen.

VERA

Täuschst du dich da nicht selbst – und ihn?

ELENA

Ja doch. Ist lang vorbei. Gewiß. Wir standen uns sehr nah. Zu nah vielleicht, um uns einander noch ein Neues oder Tiefes nahbringen zu können. Auf Dauer.

VERA

Zu nah?

ELENA

Zu nah. Denn unsre Liebe wuchs aus jenem alten Blut, das uns verband und uns dann doch letztendlich immer wieder trennte. Dir aber, dir, will ich es nicht verschweigen: Zu Zeiten wurde diese Liebe auch gelebt. Weißt du, leidenschaftlich und sehr beglückt gelebt. Diese Liebe… Geschöpft – so wie aus einem alten Brunnen, der, wenn man ihn vom Geröll befreit, uns immer wieder frisches Wasser gibt. Doch das war nur so zwischen den Gezeiten...

VERA

Was soll das heißen?

ELENA

Nun, er wurde immer wieder zugeschüttet. Dieser Brunnen.

VERA

Begreifend.

Wenn – eine neue Flut ihn überkam – und –? Und – eine neue Frau? Verzeih...

ELENA

Ja. Immer wieder eine neue Flut. Die oftmals beinah unsern Brunnen mit sich riß. Und nachher dann: das Geröll. Immer mehr Geröll. Verstehst du? Und Verzweiflung. Bei mir und auch bei ihm. Ein Loslassen und Zusammenfinden in unterschiedlichen Intervallen. Wir öffneten die Arme füreinander – und konnten uns nicht halten.

Sie besinnt sich, verlegen.

Mein Gott. Es war so strapaziös.

VERA

Zu nah. Erst jetzt begreif ich: ihr standet euch zu nah...

ELENA

Versteh es so: Er war mir immer dann besonders lieb, wenn seine Traurigkeit aus der Enttäuschung wieder zurück und heim in unsre Kindheit führte. Doch lange ließ er das nie zu. Er mußte sie verdrängen, diese Kindheit. Und alles, was dazugehört. Auch mich. Obgleich er niemals wollte, daß ich fortging.

VERA

Ja, ich versteh.

ELENA

Doch seltsamerweise geschah dann das Sichwiederfinden auf eine noch verzehrendere Art. Ein Strudel, der uns fortnahm. Ein Strudel aus den Tiefen der Verzweiflung und der –

VERA

Liebe –

ELENA

Doch kurz darauf ließ er sich immer wieder sehen, so wie er mir und anderen erscheinen wollte. Und so, wie er sich selber sah. Und damit kam ich nicht zurecht.

VERA

Das machte ihn dir – fremd und unverständlich. Ich glaube, ich versteh, begreif.

ELENA

Ach Vera. Es hat mir weh getan, mich jedesmal zutiefst erschüttert. Seine Wesenswandlung und gleich darauf – die Suche und das Spiel mit einer neuen Frau… Ich mußte fort. Weit weg. Ihn gegen seinen Willen lassen. E i n Andenken allerdings von ihm hab ich mir mitgenommen. Hinüber in die Neue Welt. In mir. Es lebt. Es lebt m i t mir. S i e lebt mit mir. Wie seine Mutter heißt sie Bérénice. Sie ist mein Glück. Mehr als mein Leben: meine Zuversicht. Mein Glaube an die Zukunft. Er darf es niemals wissen. Niemals, hörst du, Vera? Niemals.

VERA

Versucht sich von dem Unerwarteten zu erholen.

Mein Gott… Elena… was soll ich dazu sagen? Verzeih mir, ich bin ein wenig erschrocken.… Bérénice…

Schweigt.

Ja – und warum darf er nicht wissen, daß er eine Tochter hat? Es wär doch sicher seine größte Freude…

ELENA

Ich will es so. Auch ich hüt' mein Geheimnis. Vor ihm und all

den andern hier. W i l l es nicht teilen. Vor allem nicht mit
ihm. Ach Vera, hab ich nicht alles schon getan, ihn zu erreichen? Ihn aufzufinden, wo er sich verborgen hielt? Ich hätt
ihm liebend gern ein wenig Transparenz in sein verschwieg-
nes Leben eingeleuchtet.

Sie lacht plötzlich.

Die abgerichteten Wachhunde von seiner dunklen Seelen-
pforte weggescheucht. Da aber war ich nicht die Rechte.
Vielleicht war ich ihm z u direkt, z u familiär. Es ist mir
nicht geglückt. Dir, Vera, dir könnt es vielleicht gelingen.
Denn du bist sanft und gehst, ohne daß einer es bemerkt, auf
Zehenspitzen dort hinein, solang die Hunde schlafen.

VERA

Ob ich das schaffen werde? Es wird nicht leicht sein. Aber ich
liebe ihn und will's versuchen.

ELENA

Weißt du, ä l t e r e Hunde schlafen besser als die jungen.
Denn sie sind ruhiger – Ja, es wär schön, wenn's d i r gelingen könnt, den»reifen« Herrn vom Kunststoffpfad der Ober-
flächlichkeiten abzubringen.

VERA

Das hört sich hart an, bitter. Aber ich weiß schon, was du mir
damit sagen willst: ich geh ein Wagnis ein. Das ist mir klar.
Wir werden sehn, ob ich besteh. Ich will's versuchen – mit
aller Liebe. Er ist mir's wert.
Ich danke dir für deine Offenheit und dein Vertraun. Vielleicht
wird er sich ändern. Ich glaub daran.

ELENA

Das sollst du auch. Weißt du – letztendlich sind wir Frauen
stärker. Ich wünsche dir viel Glück. Und Kraft. Mut hast du
allemal! Und wenn du meine Hilfe brauchst – dann zähl auf
mich! Kommt da nicht Judith?

JUDITH

Erscheint, außer Atem; sie hat eine Zeitung in der Hand.
Guten Morgen.

ELENA UND VERA

Guten Morgen, Judith.

JUDITH

Wo ist er? Kann ich ihn sehn? Bitte verzeihen Sie, ich bin so
schnell gerannt und bin so aufgeregt.

ELENA

Die Sache ist gelaufen. Sie brauchen sich jetzt nicht mehr zu
beeilen.

VERA

Wir konnten nichts mehr tun. Ihn nicht mehr überzeugen…

ELENA

Wir haben alles versucht. Er hat überhaupt nicht reagiert.

VERA

Sanft.

Er will seinen Traum verwirklichen.

JUDITH

Ich m u ß ihn sprechen! Unbedingt.

ELENA

Glauben Sie doch nicht, daß Sie noch etwas ändern können!

VERA

Wie zu sich selbst.

Gegen seine Träume kann keiner an. Vor allem e r nicht.

JUDITH

Ich m u ß ihn sehen. Und mit ihm sprechen.

VERA

Er ist da drinnen.

Zeigt auf 's Schloß.

ELENA

Mit Schutt.

In diesem Augenblick kommt Blauburg unter der Plastikplane hervor.

BLAUBURG

Erfreut.

Wie schön! Drei Damen. Wem soll ich wohl den Apfel geben?

JUDITH

Wir brauchen jetzt kein Obst.

BLAUBURG

So, so. Ja, was wollt ihr dann?

JUDITH

Wir – wir wollen Sie küssen!

Vera und Elena schauen sich erstaunt an.

BLAUBURG

Lacht.

Ja, nur zu! Dagegen hab ich nichts. Wer ist die erste?

JUDITH

Schwenkt die Zeitung und geht auf ihn zu.

Ich! Geliebter Holofernes. Die Kopfjagd auf Sie ist abgebla-
sen. Ich bin ja so glücklich.

ELENA

Verwundert.

Was ist denn geschehn?

JUDITH

Macht die Zeitung auf; zu Vera und Elena:

Hier – lesen Sie! Da in der »Neuen Presse«.

ELENA UND VERA

Lesen abwechselnd.

»UMWELTPREIS FÜR DOKTOR ALEXANDER BLAU-
BURG?«

Das ist doch nicht möglich!

Sie lesen weiter:

»Eine Sensation wurde heute bekannt: Dr.
Alex Blauburg, Konzernchef der Kunststoff-Holding, Bauherr und Mäzen des
UP-ART-PROJECTS hat auf den bereits bewilligten Bau des
Museums auf den ehemals geschützten Flußgründen von sich
aus verzichtet. In einem Interview gestern vor Redaktions-
schluß erklärte Dr. Blauburg unserem Reporter, daß er sich
aus privaten Gründen zu diesem Schritt entschlossen habe.
Wir werden in unserer nächsten Ausgabe ausführlich darüber
berichten.«

Blauburg steht daneben und schmunzelt.

JUDITH

Zu ihm:

Meine alternativen Parteifreunde sind so begeistert, weil Sie
diese lausige Bewilligung verschmäht haben. Daß sie Ihnen
am liebsten Ihre Blauburg grün angestrichen hätten.

VERA

Ich hab es ja gewußt. Oh, Alexander.

Sie umarmt ihn.

ELENA

Mir scheint, du hast dein »Missing Link« gefunden!

*Blauburg steht da: ein glücklicher, gutaussehender Mann zwischen drei schönen
Frauen.*

JUDITH

Verkündet:

Holofernes darf den Kopf behalten, weil er damit denken
kann.

SCHUTT

Kommt aus dem Schloß, kopfschüttelnd.

Da sieht man wieder, wer diese Welt seit eh und je regiert. Und nicht erst jetzt!

Schüttelt wieder den Kopf.

Daß Sie ihn d a v o n abbringen konnten! Und das mit den einfachsten Mitteln. Nun

Er schaut die Damen nacheinander an.

...ich versteh es ja...

BLAUBURG

Ganz so ist es doch wieder nicht. Ich hätt mich von den Damen hier wohl kaum beirren lassen.

SCHUTT

Versteht nichts mehr.

So, so. Von denen nicht?

BLAUBURG

Es war... ein Traum.,

SCHUTT

Ungläubig.

Ein Traum? Ich träume nie...

ELENA

Freundlich.

Sie sollten's lernen.

SCHUTT

Wenn S i e das sagen, will ich es versuchen. Aber, wenn dann sowas dabei herauskommt, kann ich meinen Beruf an einen Nagel hängen.

ELENA

Das wär vielleicht garnicht so schlecht. Kann sein, daß ich dann drüben einen Auftrag für Sie hätt.

Sie lächelt.

Vielleicht bau ich ein Haus. Ein Festes in ein neues Leben. Daß ich mein altes endlich lassen kann. Es hält mich ja nicht mehr.

SCHUTT

Das wär eine Idee...

Zu Blauburg:

Aber sag, Alex, was soll jetzt werden? Mit dem »Projekt« und allem.

BLAUBURG

Der neue Standort ist schon fast genehmigt. Draußen im alten Stadion vor der Stadt. Das wird ja lange schon nicht mehr gebraucht. Das Land war froh, daß ich den Grund erworben hab. Da draußen paßt es wirklich gut hinein in all das Grün.

SCHUTT

Begeistert.

Das find ich gut. Hauptsache es wird gebaut!

ELENA

Wie schön, daß du das Alte gerettet und das Neue nicht aufgegeben hast.

VERA

Das find ich auch. Neue Äste gedeihen am besten an einem Stamm, der gute Wurzeln hat.

BLAUBURG

Und wie ihr jetzt schon sehen könnt: Schloß Blauburg wird von Grund auf...

SCHUTT

renoviert...

BLAUBURG

Verbessert.

r e stauriert!

Er schiebt die Planrollen hinter die Weltkugel auf den Schoß des »Sinnenden Gottes«.

Da sind sie im Augenblick gut aufgehoben. Nicht wahr, Elena? Du siehst ja, Ferenc hat ihn wieder freigelegt. Ich weiß ja, was er dir bedeutet. Ich glaub, wir hätten jetzt etwas zu feiern. Judith, wie wär's? Vielleicht hat Ralph uns eine schöne Flasche eingekühlt?

Er gibt dem vor der Tür stehenden Butler ein Zeichen.

JUDITH

Eigentlich ist meine Aufgabe hier beendet.

BLAUBURG

Wendet sich wieder an Judith:

Unblutig verlaufen, Gott sei Dank. Aber auch ohne die zarte Schönheit einer innigen Begegnung…

VERA

Das wollen wir auch hoffen, nicht wahr, Elena?

JUDITH

Etwas verwirrt.

Ich sollte eigentlich schon gehn.

BLAUBURG

Ein neuer Protest?

JUDITH

Lacht.

Oh nein! Mein Studium…

BLAUBURG

Überrascht und interessiert.

Und – was studiert man als Kämpferin denn so?

JUDITH

Theaterwissenschaft.

BLAUBURG

Aha, »die ganze Welt ist Bühne«? So, wie auch hier? Darf
man das so verstehn?

JUDITH

Nun, auf den Brettern läßt sich l e i c h t e r etwas ändern.

BLAUBURG

Wieso? Hier war Ihr Auftritt doch von Erfolg gekrönt.

Leise.

War mir denn nicht ein Kuß versprochen? Hat Holofernes ihn
denn nicht verdient?

JUDITH

Befangen.

Ich weiß nicht recht. Ganz so war das ja nicht gemeint.

BLAUBURG

Ich kann nicht einsehn, warum ich drauf verzichten sollte.

Zu Vera und Elena:

Was denkt i h r denn darüber?

ELENA

Was meinst du, Vera? Wollen wir ausnahmsweise großzügig
sein und diesen Kuß gestatten?

VERA

Nachsichtig.

Nun, wenn er nicht zu lange dauert, so daß auf dieser Bühne
gleich ein n e u e s Trauerspiel heraufbeschworen wird.

JUDITH

Verwirrt.

Nun, ich weiß wirklich nicht…

BLAUBURG

Geht langsam auf sie zu.

Siehst du, Judith, schöne Judith, nicht selten entsteht am End das Gegenteil von dem, was anfangs erst in Absicht stand. Die Spannung zwischen Gegnern ist oft nicht zu unterschätzen. Und e i n e r muß zuletzt sich doch ergeben.

ELENA

Lakonisch.

In diesem Fall sind es wohl z w e i .

BLAUBURG

Komm Judith. Komm und sieh mich an – mit einem Blick, der Träume schaffen mag. Einmal nur. Einmal. J e t z t .

Er küßt sie.

ELENA

Räuspert sich.

Genug. J e t z t . Auch Träumen muß man Grenzen setzen. Der Vorhang kann jetzt fallen. Das heißt, es gibt wohl immer einen Grund, etwas zu feiern.

Tritt an die Rampe; zum Publikum:

Meinen Sie nicht auch?

Ralph bietet gefüllte Gläser an.

BLAUBURG

Hebt sein Glas.

Also, meine Damen. Trinken wir auf…

ALLE DREI

Blauburg!

Sie stoßen an und lachen. Ferenc erscheint plötzlich. Er hält einen verrosteten Schlüssel in der Hand.

FERENC

Hier – was ich da unten gefunden hab! Am Ufer im Flußschlamm. Dort, wo im Frühling die Wasserlilien blühn. Ist ganz verrostet. Schließt aber sicher noch immer auf.

VERA

    Da ist er ja!

BLAUBURG

    Danke, Ferenc.

Er nimmt den Schlüssel in die Hand.

    Aber wir brauchen ihn nicht mehr. Die Tür ist offen…

ELENA

    Ja?

Schlußvorhang.

LICHTEINFALL – NACHBLENDE

Das Ende einer Erklärung in fünf Bildern

FÜR RMR

PERSONEN UND MITTLER DER HANDLUNG

Dr. Kristian Perighi	Professor, Herzspezialist
Reinhart Perighi	dessen Sohn, Finanz- und Immobilienmakler
Lydia Asfolter	Reinharts Mutter
Anna	
Stimme	
Handy	

ORT   Irgendwo in Italien

ZEIT   Irgendwann im Spätsommer der Gegenwart

Szene und Dekoration entsprechen zu Beginn den Hinweisen und der Vorgabe der Stimme. Also: Sand (materielle Wirklichkeit), Himmel (spirituelle Wirklichkeit) und Meer dazwischen (Symbol der Verwandlung).

1. BILD

STIMME

Dunkle Frauenstimme nach Öffnen des Vorhangs. Die Stimme spricht langsam.

Sand. Feinster Sand. Honigfarben im späten Licht. Sandstrand, zerrieben, ausgeglüht. Steinstaub, wellenmüd.
Aber dahinter das Meer. Meer!
Un-ermüdlich Meer. Das sich in Himmel auflöst. Meer.
In das die Sonne eingeht. Einsinkt, um ihre Spur zu löschen.
Spätsommer weht vom Meer. Diesig.
Niemand. Nichts.
Wehen. Salz in der Luft. Stille.
Nur das sanfte Rauschen des Meeres, das sich mitteilt.
Unaufdringlich. Aber eindringlich.
Allgegenwart. Urheimat. Rauschen. Wogende Ewigkeit im Schoß der Erde.

Ihr könnt es hören. Fühlen. Atmen.
Sonnenuntergang am Meer. Nähe der Unendlichkeit.
Spürt Ihr das Wehen? Den Salzgeschmack auf Euren Lippen?
Die müde Wärme des verbrauchten Sommers auf der Haut?
Impression und Wirklichkeit.
Wollt Ihr noch mehr? Immer noch mehr? Meer?

Ihr solltet euch fragen, ob Ihr wohl noch kurz ins Wasser tauchen – oder lieber hier am Strand die Weite genießen wollt. Den Himmel. Den honigfarbenen Sand, der immer blasser wird.
Das Rauschen von Gehen und Wiederkehr.
Das Nichts.

Ach ja, da in der Mitte:
der Liegestuhl, über den ein Badetuch geworfen wurde.
Die goldene Strandtasche. Die Sandalen.
Nein, die sind nicht für Euch. Für Euch ist das Meer.

Der Strand. Das Rauschen. Für Euch ist die Nähe der
Unendlichkeit.
Abtun! Ihr sollt alles abtun jetzt.
In dieser Stunde. Atem holen. Atem hergeben. Da-sein.
Ihr sollt dasein.
Im Sand am Meer. Im Sonnenuntergang.
Laßt Euch los! Entspannt Euch. Fühlt nur das Salz auf
Euren trockenen Lippen. Die Wärme. Den sanften Wind.
Nichts ist sonst wichtig.
Jetzt.
Wind und Wärme und Salz. Salz...

*Anna kommt aus dem Meer. Triefend vom Wasser im Badeanzug. Sie ist schlank
und dunkel.*

Aber ja! Da erscheint plötzlich ein Mensch – und siehe da –
weg seid Ihr von den großen Eindrücken der gewaltigen Natur. Ein Mensch zieht Eure ganze Aufmerksamkeit auf sich.

Jetzt erinnert Ihr Euch auch, daß Ihr im Theater sitzt,
auf teuer erworbenen Plätzen. Und nicht am Meer. Nicht
in der Sonne.
Vielleicht seid Ihr sogar froh, daß man Euch aus der
Versunkenheit weckt? Konkret wird? Deutlicher?
Gestalt annimmt?
Oder macht es Euch ärgerlich und böse, daß Ihr entrückt
worden seid? Daß man Euch diesen Sonnenuntergang und
dieses Meer nur simuliert hat, zugemutet? Mit Scheinwer-
fertechnik, Ton und Farbe? Wo Ihr Euch derzeit einen Ur-
laub ja nicht leisten könnt. Gestreßt und müde wie Ihr seid.

Ihr meint, das war nicht abgemacht? Ihr habt Eintritts-
billets bezahlt. Für einen Theaterabend. Eintrittsgeld
ausgegeben für den Kurzbesuch in einer Kunstwelt.
Nicht für die Wirklichkeit! Das wäre ja noch schöner!
Die hat man draußen. Draußen vor der Tür.
Auch wenn sie noch so schön wäre, diese Wirklichkeit.
Hier auf der Bühne. Dieser Zauber am Meer.
Diese Wirklichkeit in der Vorstellung ist ja nicht echt.
Das verunsichert.

Also: Warum seid Ihr hergekommen? Hier her ins Theater?

Ihr wollt HANDLUNG sehen. Ja? Schicksal miterleben.
Nicht? Euch vom Schicksal distanzieren. Abstandhalten, wo's
gefährlich werden könnte. Wo's Euch hineinziehen will.
Und doch wollt Ihr Voyeure sein. Schicksal beäugen.
Mitdenken, mitfühlen und dann erleichtert sein, daß
dies hier Euch nicht angeht. Nicht direkt. Ja, ein
wenig teilnehmen vielleicht – wenn's nicht allzuviel
kostet. Von weitem.
Und da und dort vielleicht Euch doch erkennen – und den
andern – im Augenwinkel Eurer halbgeschloßnen Lider.
Spiegelbild finden, das Euch reflektiert, wie Ihr Euch-
-sehen-wollt.
Doch Spiegelbild, das nicht erschreckt, womöglich gar
zuviel enthüllt. Daß Ihr das Absehn hättet…

Nein, nein. Ihr sitzt da nicht im Sand am Meer.
Dort sitzt nur Anna und kämmt sich ihre langen Haare.
Die Schauspielerin, die Ihr gern sehen wollt.
S i e hat die Handlung auf sich genommen. Für Euch.
Ihr habt dafür bezahlt.
Wo ist die Wirklichkeit?
Denn nichts geschieht. Noch nicht.
Anna hat sich abgetrocknet und in den Liegestuhl gesetzt.
Noch immer Salzkristalle auf der braunen Haut. Den Ge-
schmack des Salzes auf den Lippen.

Sie ist besser dran als Ihr. Sie l e b t das Salz, den Wind.
Ist in der Wirklichkeit da oben auf der Bühne.
Sie schaut auf's Meer hinaus…
Ihr alle schaut mit Anna auf's Meer.
Weit hinaus. Über den Horizont hinaus.
Wohin? Es gibt da keine wahrnehmbare Grenze. Das ist die
Wirklichkeit.

Wiederholt:

Es gibt da keine wahrnehmbare Grenze: d a s ist die
Wirklichkeit.

Anna nimmt ein Buch aus der Tasche. Legt es auf den Schoß. Den Blick noch immer auf's Meer gerichtet.

Warum sollte sie lesen?
Sie würde in dem Buch nur Grenzen finden.
Vermutungen. Auslegungen. Verbildlichung.

Nein, sie wird in dem Buch nicht lesen. Nicht heute.
Sie kommt vom Meer. Ihre Seele ist weit. Ihr Körper lebt.
Die Enge kann sie nicht erreichen.

Vergeßt Eure Eintrittskarten und geht mit ihr in die
Wirklichkeit.

Nur eine Weile noch. Nur noch einen Augenblick. Nur für ein
Meeresrauschen noch. Noch für das Salz auf Euren Lippen.
Tauscht Euch um!
Für eine Weile. Geht doch mit!
Die Handlung wird schon kommen.

Ihr meint, die Wirklichkeit sei draußen?
Nicht im Theater? Draußen vor der Tür?
Wo vieles funktioniert, wie Ihr es eingerichtet habt.
Da draußen, wo immer einer dem andern den Schein
in die Hand gibt.
Den Schein.
Mit dem Ihr meint, daß Ihr Euch alles kaufen könnt.
Den Schein, der niemals fehlen darf.
Der Schein, der Euch repräsentiert.
Weil Ihr ja wißt, daß – wo er fehlt – das Elend steht.
Die Armut und die Not.
Das ganze Leben draußen ist vom Schein bestimmt.
Er schafft die Wirklichkeit da draußen, die I h r meint.

Doch wollt Ihr jetzt zwei Stunden lang hier dieser
Wirklichkeit entfliehn. Hier im Theater doch vielleicht
nach etwas suchen, das Euch rettet… hinüber rettet.
Euch Eurer inneren Stimme gegenüberstellt.
Ohne, daß da ein andrer etwas ahnt.
Und wollt vielleicht, daß sie sich mischt, die innere
Stimme, mit dem, was hier, an diesem Ort, auf dieser
Bühne, gleich geschieht.

Seid Ihr Euch wohl bewußt, daß Ihr hier atmet?
L e b e n s z e i t verbringt? L e b e n s z e i t.
Daß Ihr hier in der »Kunstwelt« l e b t?
Und daß diese Eure – Euch zugemessene – Lebenszeit un-
widerrufbar verrinnt. Auch jetzt auf Eurem Platz, auch
jetzt zu dieser Stunde.
Ihr seht, Ihr h a b t sie also hier, die Wirklichkeit!

Jetzt und hier. Ja, hier in diesem Theater. Auf diesem
Platz, auf dem Ihr Euch befindet.

Und werdet vielleicht garnicht merken, daß da auch
Schicksal jetzt geschieht... in Euch

Die Stimme wird leiser... leiser... vermengt sich mit Wind und Rauschen.

geschieht... Wirklichkeit... Schicksal... Wirklichkeit...
geschieht... jetzt... jetzt.

*Anna bleibt noch eine Weile reglos. Dann erscheint Reinhart auf der Szene und
küßt sie auf die Wange. Reinhart ist ein gutgewachsener Mann. Enddreißiger.
Moderner, sportlich-dynamischer Typ. Salopp, aber gut gekleidet.*

REINHART

Nun, Anna, wie geht's? Verzeih, ich mußte dich solange alleine lassen. Hatte soviel zu tun. Du träumst. Du liest nicht?

ANNA

Nein.

REINHART

Das Buch – nicht interessant genug?

ANNA

Ich geb es dir zurück.

Entschuldigend:

Ein andres Mal. Ich lese es ein anderes Mal. Vielleicht. Jetzt
paßt es nicht zu mir.

REINHART

Zärtlich:

Du wirst dich erkälten. So warm ist es nicht mehr. Hier. Nimm
meine Jacke.

ANNA

Verträumt:

Ich friere nicht. Ich war im Meer. Ich möchte den Wind auf
meinem Körper fühlen. Das Salz. Ich hab das Meer noch in
den Adern. Es tut so gut.

REINHART

> Du warst so lange krank. Du solltest schon vernünftig sein.

ANNA

Schaut noch immer auf's Meer.

> Vernünftig? Was ist das? Ich komm vom Meer. Verstehst du?

Lächelt.

> Ich trag den Gott des Meeres so stark noch in den Adern, daß es mir wehtun müßt,»vernünftige« Gedanken in den Kopf zu ziehn.

REINHART

> Ich hab es gern, wenn du so schwärmst und allen Dingen einen Inhalt gibst, den sie nicht haben. Realitätsfremd würd ich sagen.

Kopfschüttelnd.

> Du bist schon eine ganz besondre Frau. Ich könnte dich mit keiner anderen vergleichen.

ANNA

> Mußt du auch nicht. Nicht jetzt, solang wir hier sind. Laß mir noch die Besonderheiten und die Träume.

REINHART

> Ich laß dir die Besonderheiten. Es wird sich aber mit romantischen Gefühlen ein rechter Schnupfen nicht verhindern lassen. Trockne dich doch nur ein wenig ab. Was mach ich, wenn du wieder krank sein wirst? Erkältet?

ANNA

> Meine Seele war erkältet. Nicht mein Körper. Meine Seele hat soviel Kälte überstehen müssen. Ich habe nie vorher gewußt, daß es soviel Kälte gibt. Unter Menschen. So viel Kälte.

Sie schaudert.

> Meine Seele ist beinah daran erfroren.

REINHART

Ich weiß.

Er streicht ihr eine Haarsträhne aus dem Gesicht.

Ich weiß. Doch das ist jetzt vorbei. Du fängst ein neues Leben an. Hast du noch keinen Hunger?

ANNA

Ein neues Leben... Kann man das?

REINHART

Man kann.

ANNA

Er fehlt mir so. Ich kann dir gar nicht sagen, wie sehr er mir fehlt.

REINHART

Ich weiß.

ANNA

Es ist so, als hätte man mir ein Stück von meinem Leben weggerissen. Mich mir selber entfremdet.

REINHART

Es wird sich ein Weg finden lassen. Vielleicht begleitest du mich übermorgen in die Stadt. Ich habe dort zu tun. Du weißt ja: die Besprechung. Da geht's um viel. Und du wirst dort auf andere Gedanken kommen als hier am langweiligen Meer.

ANNA

Wie du das sagst... Weißt du, meine Gedanken, meine Fragen haben eine andere Dimension gewonnen. Durch das Vergangene. Aber die Antworten trägt der Wind noch mit sich fort. Der Wind.

REINHART

Es ist doch wahr. Du könntest mittlerweile etwas bummeln

gehn. Dich von den Schaufenstern verführen lassen – wenn schon noch nicht von mir.

Er lacht.

Ich hab Geduld. Die exquisiten Sachen aber dort, die warten nicht zu lange.

ANNA

Ich hab da keine Eile...

REINHART

Sie wohlgefällig von der Seite betrachtend.

Du bist schön, Anna. Wunderschön. Wie hab ich dich immer bewundert. Von weitem... Und mir gewünscht, daß ich dich einmal so recht verwöhnen darf.

ANNA

Ich weiß, du meinst es gut. Aber die Ruhe tut mir wohl.

REINHART

Du denkst mir hier zuviel.

ANNA

Das sollte schaden?

REINHART

Ist nicht gesund.

ANNA

Schau, ich hab da meine eigne Therapie: ich muß noch viele Male in mein Innres schlüpfen, wenn ich mit all dem fertig werden soll, was mich am Ende fast bezwungen hat. Vernichtet...

Ich muß sie halt auf mich nehmen, die Gedanken. Noch einmal die Geschehnisse verarbeiten. Ihnen nachspüren...

Ich muß mich einfach s o l a n g ihnen stellen bis – bis ich schlußendlich stärker bin als sie...

Es nimmt mich ganz hinein in seine bewegte Unendlichkeit. Das Meer. Es ist wie das Leben. Ja, wie das Leben. Das Meer. Es trägt und wiegt mich in seinen Armen, zärtlich, mitunter ungestüm. Ich fühle mich geborgen und weiß indessen auch um die Gefahr. Und wenn ich untertauche dann und wann – versteh – komm ich gewiß mit einem anderen Gefühl zurück zur Oberfläche. Vielleicht. Mit neuer Kraft und mehr Verstehen. Du wirst schon sehn...

REINHART

Vielleicht wär' Ablenkung doch besser. Du hast es ja noch nicht versucht. Du bist immer so ernst und in dich gekehrt. Früher – ich erinnere mich gut – warst du spontan und fröhlich. Ich habe dich oft aus der Entfernung beobachtet. Was kann ich nur tun, daß du deine alte Lebensfreude wiederfindest?

ANNA

Denk dir halt einfach: Die Anna nimmt ein Genesungsbad im Meer. Ein Reinigungsbad für die Seele. Die taucht sich jetzt gesund... Ja, ja, ich weiß schon, das verstehst du nicht.

REINHART

Wie kann ich das denn? Sag mir, Anna.

ANNA

Denk einfach: Anna ist sehr gründlich. Anna taucht, weil sie den Grund sehn will. Den Grund. Sie will den Grund sehn, diese Anna.

HANDY

Meldet sich.

REINHART

Du siehst, ich kann dem Ding da nicht entgehen. Sie finden mich jetzt überall...

Hallo? Pronto! Sì... sì. Ho già parlato con Dottore Crespi. Sì. Dovremo fare concessioni.... No... allora... questo no! Ci parleremo à Milano. Sì. Grazie. Saluti. A presto...

Zu Anna:

Das war ein Geschäftsfreund aus Mailand. Wo sind wir stehen

geblieben? Ach ja, bei der Abwechslung für dich. Ich bin doch immer und überall im Streß. Kann die Geschäfte nie alleine lassen. Es tut mir leid...

ANNA

Lächelt.

Es tut dir leid? Ich glaub, du brauchst den Streß – wie ich die Ruhe.

REINHART

Da hätt ich auch noch eine andere Idee. Wie wär's mit Golf? Ich bring dich morgen auf den Platz. Da hast du beides: du wirst dort nette Leute treffen, die dich auf andere Gedanken bringen...

ANNA

Ich hab schon a n d e r e Gedanken...

REINHART

Du wirst ein wenig mitgehn, wenn sie spielen. Die Golfer haben Zeit und Ruhe, wenn sie gehen. Vielleicht bekommst du Lust, auch damit anzufangen.

ANNA

Ach, laß mich hier. Laß mich am Meer. Du meinst es wirklich gut, ich weiß. Doch das ist's nicht, was ich jetzt brauche. Das nicht.

REINHART

Du bist mir viel zuviel allein. Das macht mir Sorge. Wie wär es mit der Vernissage am Abend morgen? Du magst doch alles, was mit Kunst zu tun hat.
Adrian Vazzano stellt aus. Im Palazzo Municipale. Man hat schon überall sehr viel davon gesprochen. Die Presse propagiert ihn sehr. Er macht jetzt laufend von sich reden, weil er so schonungslos die Dinge offenlegt.

Lacht.

Er will die Welt entgiften. Und die Menschen. Man sagt, er hätte sich dazu recht drastische Mittel ausgedacht. Der »Corriere« schrieb...

ANNA

Ich glaube nicht, daß das im Augenblick für mich das Rechte wär. Verzeih… Du bist so freundlich und hast so viel Geduld mit mir – und ich – ich sag bei allem nein.

REINHART

Du weißt, daß ich ein Ziel im Auge hab. Da kann ich sehr geduldig sein. Auch bei Geschäften bin ich das. Hat sich bewährt. Ich habe mich in dich verliebt. Ich will dich haben. Also… was bleibt mir andres übrig, als Geduld zu üben. Auch ein Manager hat mitunter noch Gefühle…

ANNA

Legt beschwörend die Hand auf ihre Lippen.

Reinhart! Du weißt, was du versprochen hast.

REINHART

Ich sag ja schon nichts mehr.

ANNA

Du weißt, daß ich nur unter d e r Bedingung mitgekommen bin. Hierher.

REINHART

Ich weiß.

ANNA

Als eine Freundin.

REINHART

Ja.

ANNA

Als eine gute Freundin.

REINHART

Ja, der ich versprochen hab, daß ich hier ihren Kummer auskurieren werde.

ANNA

> Ja. Nicht mehr.

REINHART

> Ich weiß. Nicht mehr. Ich mußte dich ja lang genug zu dem
> »Verdrängungsurlaub« überreden. Wie du das nanntest.

ANNA

> *Nimmt lächelnd und freundschaftlich seine Hand.*
>
> Nein, es ist kein Verdrängungsurlaub geworden. Hier. Dank
> der Ruhe, die du mir gönnst. Belaß es dabei. Langweile dich
> lieber ein wenig mit mir, wenn du mir gut willst.

REINHART

> *Entrüstet.*
>
> > Niemals. Es ist mir nie langweilig mit dir. Nie. Auch wenn du
> > schweigend stundenlang aufs Meer schaust. Oder wenn du die
> > Augen schließt und neben mir im Sand schläfst.
>
> *Für sich.*
>
> > Du bist immer d a . Wie soll ich sagen…
>
> *Sucht nach Worten.*
>
> > s t a r k   d a . Ja, du bist immer so stark da. So…ich weiß
> > nicht… so überaus v o r h a n d e n . Immer geht etwas aus
> > von dir.
>
> *Hilflos.*
>
> > Ach, ich kann's nicht erklären. Finde keine Worte dafür.
> > Und dennoch mein' ich, daß du ein wenig Abwechslung
> > brauchst: etwas Neues, Anderes. Unterhaltung. Menschen.
> > Ablenkung.

ANNA

> Reinhart, bitte…

REINHART

> Also zurück zur Kunst. Vielleicht wäre es doch zu überlegen.
> Für den morgigen Abend.

ANNA

Sei mir nicht böse, Reinhart. Ich hab hier doch nur noch ein
paar Tage. Dann muß ich wieder zurück um – wie du sagst –
»ein neues Leben« anzufangen. Eine Arbeit zu suchen. Und da
darf ich im Augenblick nicht wählerisch sein. Ich habe Angst
davor. Fühl mich noch nicht so gut nach all den Schicksals-
schlägen. Ich brauche diese Zeit hier noch. Hier am Meer. Das
Rauschen der Stille.

REINHART

Es wäre ja auch nur für ein paar Stunden. Kunst. Packende
Bilder. Ein schönes Buffet. Vielleicht lernst du dort neue inter-
essante Leute kennen. Hast dich doch früher auch in
Gesellschaft wohlgefühlt. Das war jedenfalls mein Eindruck.
Gewiß, es ist mittlerweile viel geschehen…

ANNA

Es hat sich viel geändert. In mir. In meinem Leben. Bitte versteh doch. Ich kann heute vieles nicht mehr so annehmen, wie
ich es früher akzeptierte. Nicht mehr denken, wie ich dachte.
Nicht mehr so empfinden, wie ich empfand.
Ich brauche die Natur. Das Meer. Den Himmel. Die Schönheit
des Einfachen. Ich möchte mir nicht stundenlang die teuren
Bilder anschaun, welche das Elend und die Pervertiertheit dieser Welt bloßlegen – auf so abstoßende Weise! Ich mag nicht
einem Maler lobsprechen, der damit nur seinen eignen
Reichtum mehrt.
Die Auserwählten werden leicht vergeßlich.

REINHART

Da hast du schon recht. Wenn heute einer richtig provoziert
und dazu nur ein wenig Talent hat – dann ist er ein gemachter
Mann. Doch wer kann's unterscheiden? Was ist Kunst?
Braucht nicht der Zeitgeist immer seine Narren?

ANNA

Das Dunkel lag schon immer auf der Welt. Als schwerer
Schatten vor dem Licht, aus dem wir leben. Und immer hat
der Mensch das Dunkel noch vermehrt. Wird sich dran jemals
etwas ändern? Doch mit der Darstellung der Bedürftigkeit von

anderen, von ihrer Not, Verzweiflung, ihrem Elend, Schmerz
und Hunger, mit dem Aufzeigen des Leids in dieser Welt und
ihrer krankhaften Verirrungen, selber ans große Geld zu kommen, das halte ich für unmoralisch.
Schau dir doch den Vazzani einmal an!
Ich kenne ihn, den bildnerischen Weltenthüller. Schausteller
nur in elitären Kreisen, dem sie für Unsummen seine pro-
vokanten Werke aus den Händen reißen. Das wirkt auf mich
wie Hohn. Und widert an. Verzeih… ich hab mich gehen
lassen. Aber versteh! Gewiß, es ist das alles da auf dieser
Erde. Und man s o l l 's zeigen. Wachrütteln. Dann aber muß
man auch den Einsatz wagen und dagegen kämpfen. Hilfe
suchen.

Nach einer Pause:

Ja, doch, man soll es zeigen. Aber mit Ehrfurcht. Nicht so.
Und nicht in dieser Machart. Vor allem ohne Lüsternheit. Wir
alle brauchen die Ästhetik und das Schöne auch. Denk einmal
nach: warum sind jetzt so viele Seelen krank? Wer heutzutage
nicht neurotisch ist, ist nicht normal.

REINHART

Lacht.

Ich bin es nicht. An mir kann der Psychiater nichts verdie-
nen.

ANNA

Wer sehr sensibel ist, der m u ß neurotisch sein in dieser
Zeit.

REINHART

Dann bist du meine Neu-e-Rose – im Garten des Erfolgs…
das heißt: n o c h bist du's nicht!

ANNA

In deinem Erfolgsgarten möcht ich keine Blume sein. Er wär
für mich ein Labyrinth, aus dem ich nie herausfände.

REINHART

Wer weiß, vielleicht könnt er dir doch gefallen. Erfolge verwöhnen. Machen das Leben schön und angenehm.

ANNA

Das ist gefährlich. Erfolge laden ein, sich selbst zu überschät-
zen. Ich hab das schon erlebt. Sie ziehen allzuvieles nach sich
und führen bald in einen Sog, dem man nur schwer entkommt.
Nein, nein, da gibt es andere Karrieren.

REINHART

Was meinst du denn damit?

ANNA

Karrieren nach innen. Weitergehen. Weiterkommen. Zuge-
winn haben. Aus dem E r l e b t e n den Profit ziehn für das
Denken. Für die Seele. Für das Weitergeben.

REINHART

Dafür hat heute ja kaum einer Zeit. Leider. Der Lebenskampf
ist hart. Vielleicht brutal. Gewaltsam. Heute wird Leistung
erwartet. Von allen. Wer nichts leistet, den Zug der Zeit
verpaßt, geht unter.

ANNA

Man leistet auch in seinem Innern: man bewältigt.

REINHART

W a s bewältigt man denn schon?

ANNA

Schmerzen. Mißerfolge. Enttäuschungen. Und die Trauer.
Auch das Glück…

REINHART

Dafür bleibt viel zuwenig Zeit. Das Leben treibt uns weiter.
Und man muß jede Chance nützen. Für Schicksal hat man leider keine Muße mehr. Es sei – man findet eine Liebe.

ANNA

Schicksal. Was ist das schon? Ist das Konstellation?
Beziehungsgeflecht in unserer Gesellschaft? Unerwartete
Eingriffe? Ach Reinhart, ich habe mich das oft gefragt. Ist es
Lebensveränderung, auf die wir nicht gefaßt sind? Keinen

Einfluß haben? Also Glück oder Unglück? Oder ist Schicksal das Resümee, das wir aus all dem ziehen? Gedankenentwicklung? Neue Einsichten? Antworten, die wir nicht finden und Fragen, welche sich erfüllen?

REINHART

Ich weiß es nicht. Ich hab mich wirklich nie damit beschäftigt.

ANNA

Ist Schicksal das, was wir aus unsrer Aussaat heimholen in den nicht allzu großen Speicher unserer Begrifflichkeit? Ist Schicksal aber nicht vielleicht auch eine Mondnacht hier am Meer – erfüllt vom Rauschen des Windes und der Wellen?

REINHART

Du machst es mir schwer. Ich philosophiere nicht so gern. Da hab ich keine Übung.

HANDY

Meldet sich.

REINHART

Hallo! Wer? Mit w e m sprech ich? Ja. Schwer zu verstehn. Hallo! Ach, Sie sind's, Lesjak. Was gibt es denn? W i e v i e l? Das hängt von deren Konditionen ab. Sie warten, bis ich übermorgen da bin. Nein. Keine Entscheidung. Wer? Wieso? Ja, der soll warten. Um elf Uhr bin ich da. Beschaffen Sie die Unterlagen. Alles Weitere mache ich. Bis übermorgen…

Sieht Anna.

Hallo, hören Sie noch? Ja, noch etwas: besorgen Sie mir rote Rosen. Zwanzig. Elf Uhr. Bis dann.

ANNA

Du sollst nicht immer soviel Geld ausgeben. Die andren Rosen leben noch in meinem Zimmer. Fühlen sich so wohl in meiner Nähe… Könnten gekränkt sein, wenn man ihnen jetzt jüngere dort gegenüberstellt und sie ans Ältersein erinnert.

REINHART

Lacht.

Was du dir immer für Gedanken machst. Ich hab noch niemanden gekannt, der so wie du dem Alltag d i e Bedeutungen verleiht. Mit so viel Phantasie. Das heißt... vielleicht mein Vater... Es macht dir doch nichts aus, wenn er uns kurz besuchen kommt? Ganz sicher wird er nicht so lange bleiben.

ANNA

Nein... aber nein. Ich freue mich. Ich bin gespannt.

REINHART

Und du wirst sehn, er ist sehr nett. Wird dir gefallen. Ich hoffe nur, daß jetzt die Sache überstanden ist. Ich hab mir wirklich große Sorgen gemacht um ihn.

ANNA

Bist du ihm ähnlich?

REINHART

Lacht.

Wie könnte ich das sein! Er hat mich adoptiert. Professor Perighi hat mich mit meiner Mutter mitgeheiratet.

Zögernd nachdenklich:

Vielleicht hat er sie auch n u r meinetwegen geheiratet. Vielleicht. Ich war zwei Jahre alt. Als er sich dann aus gutem Grund von ihr getrennt hat, behielt er mich.

ANNA

Das wußte ich nicht. Trotzdem könntest du Ähnlichkeiten mit ihm haben.

REINHART

Ich bin Geschäftsmann. Er ist Humanist. Was immer das bedeuten mag. Es ist auch heute wohl nicht mehr modern. Hat nicht mehr diesen Stellenwert. Ich fang mir nicht viel damit an. Er weiß, daß ich ganz anders bin als er und hat es akzeptiert. War immer fair zu mir, der alte Herr. Ein guter Vater. Ein guter Wissenschaftler und ein guter Arzt. Hat viel Erfolg gehabt, viel Anerkennung in der Welt gefunden. Daß er nun grad sich selbst nicht helfen kann! Ein Spezialist für fremde Herzen! Nicht für das eigene. Fast war's zu spät, als man ihn eingeliefert hat.

ANNA

Ein guter Arzt, der schont sich selten.

REINHART

Kann sein. Muß wohl so sein. Mich hat das sehr erschreckt. Daran zu denken, daß er sterben, so schnell auf einmal nicht mehr da sein könnte.

ANNA

Du liebst ihn?

REINHART

Ich mag ihn sehr. Versteh mich gut mit ihm. Solange seine Welt konkret sich äußert.

ANNA

Was meinst du denn damit?

REINHART

Ja, wie soll ich das erklären? Er geht halt immer weiter als die andern. Betritt oft ein Terrain, wo ich ihm nicht mehr folgen will. Du wirst ihn kennenlernen. Ein wenig – vielleicht – ist er so wie du.

Er lacht.

Er geht im Mond spazieren. Ich könnt mir denken, daß ihr .euch gut versteht. Jetzt wird es aber wirklich kühl.

Scherzend:

Du Traumwandlerin, schwör deinem Meergott ab! Du nimmst mir jetzt ein heißes Bad und legst dich eine Weile hin. Da bin ich unerbittlich. Ich werd dir einen Tee mit Cognac auf dein Zimmer schicken lassen. Ein heißes Bad wird dir die Adern wärmen. Die kalten Meergötter werden schnell verschwinden

in der Wanne. Vielleicht wird dich die angenehme Wärme
dann auch einmal an Reinhart denken lassen.

ANNA

Dankbar-vorwurfsvoll:

Du bist ja ein Tyrann! Wer hätte das gedacht.

REINHART

Anders gehorchst du mir ja nicht!

ANNA

Du mußt wohl überall das Sagen haben. Nun gut! Ich füge
mich.

Sie schlüpft in die Sandalen, wickelt sich in das Badetuch und nimmt die Tasche.

Noch einen Blick hinaus. Komm, teil ihn mit mir, Reinhart.
Schau, das Meer...

REINHART

Ja, Wasser. Viel, viel Wasser. Salzwasser. Komm, laß uns
gehen.

Sie gehen nach links von der Bühne ab.

STIMME

Das war es erst einmal. Nicht mehr und nicht weniger.
Seid Ihr enttäuscht?
Ich möchte Euch hier eine kleine Weile noch Euch selber
überlassen.
Es ist schon dunkel geworden. Die Dunkelheit fließt
über den Himmel, über das Meer.
Matt glimmt noch der Sand, bevor er ganz erlischt,
wenn der Wind die schwarzen Schatten vom Meer herweht.
Die Nacht.
Aber man hört das Rauschen. Man riecht das Salz.
Auch wenn die Augen ganz in Finsternis erblindet sind:
man hört das Meer.
Rauschen von Gehen und Wiederkehr.

Die Stimme von Anna hat nichts verändert.
Die Stimme von Reinhart hat nichts verändert.

Die Stimmen von Anna und Reinhart haben da
garnichts verändert.
Sie haben nichts geteilt. Nichts vermindert.
Keine menschliche Stimme wird hier jemals etwas
verändern.
Einfluß haben.
Gehen und Wiederkehr. Rauschen.
Aber das Rauschen hat ihre Stimmen in sich aufgenommen.
Ihre Worte.
Um ihre Stimmen, um ihre Worte, hat das Rauschen sich
vermehrt.
Eine kleine Welle lang.

Bewahrt es in Euch. Das Rauschen.
In ihm liegt die Wahrheit.

Der Vorhang schließt sich langsam.

2. Bild

Spätsommerlicher Morgen. Terrasse eines Hotels vor dem Meer. Weiße Tische und Stühle. Ein paar mehrarmige Kugellampen. Angemessener, nicht aufdringlicher Komfort. Anna sitzt mit Reinhart beim Frühstück. Ein kleiner, brauner Gedichtband liegt unweit neben ihr auf dem Tisch. Neben Reinhart mehrere Tageszeitungen, in die er manchmal hineinschaut.

ANNA

Noch eine Tasse?

Reinhart läßt sich eingießen.

REINHART

Verzeih, wenn ich mich kurz informiere. Aber das ist unerläßlich, jeden Morgen. Gehört zu meinem Business.

ANNA

Das macht doch nichts.

REINHART

Bin gleich fertig mit der Lektüre.

Weiterlesend, im folgenden höflich, aber ohne großes Interesse.

Und was hast du da für ein Buch? Was liest du jetzt?

ANNA

Rilke.

REINHART

Aha.

ANNA

Die Elegien.

REINHART

Ach, ja?

ANNA

Vielleicht ist »Lesen« hier der falsche Ausdruck.

REINHART

Mit dem gleichen Desinteresse.

So?

ANNA

Ja. Man bekommt das geschriebene Wort geschenkt. Und, wenn man Glück hat, geht es in uns auf. Wie eine Blume, die aufblüht. Und plötzlich ihre Blütenblätter zurückschlägt. Uns einen Blick tun läßt in ihren Kelch. Auf ihren Stempel. In ihre Staubgefäße. Auf ihre ganze innere Wahrheit.

REINHART

Weiterlesend, höflich gleichgültig:

Das ist ja interessant.

ANNA

Wie meinst du?

REINHART

Das ist interessant.

ANNA

Ach, ja.

REINHART

Also der Rentenmarkt ist derzeit stabil. Der Dow Jones ist ganz wenig gefallen. Die Investment-Fonds sind…

Er hält inne.

Oh, hör mal, Anna…

Anna vorlesend:

Wie wär's? Palastartiges Herrenhaus auf Sardinien, große Terrasse zum Meer, neun Räume, drei Badezimmer, Swimmingpool, eigene Yacht und Anlegeplatz.

Stolz.

Das verkauft mein Unternehmen. Aber wenn du willst, wird es nicht verkauft. Dann schenk ich diesen Palast meiner Königin.

ANNA

Die Rückseite der Zeitung lesend, die Reinhart in der Hand hält – nachstehende Schreckensmeldungen sind dem aktuellen Stand anzupassen:

Hungersnot in Somalia. Vertreibung der Bosnier aus Srebrenica, Zepa, Gorazde. Gedenkfeiern für NS-Opfer. Franzosen planen neue Atomversuche im Pazifik. Und das Ozonloch ist diesen Sommer wieder... Und außerdem: Ich hab schon mal in einem »Palast« gelebt.

REINHART

Du verdirbst mir das Frühstück.

ANNA

Liebevoll.

Das will ich nicht. Aber so geht es zu auf dieser Welt. Das sollte man nicht vergessen.

REINHART

Ja, darf man das Schöne denn nicht haben, solange es einem geboten wird?

ANNA

Versonnen.

Doch, das darf man schon, aber...

REINHART

Schnell:

Du siehst, daß ich immerzu hart arbeite und dafür soll ich es mir nicht da und dort gut gehen lassen? Es vielleicht ein wenig besser haben als die anderen?

ANNA

Ich wollte dich nicht angreifen. Das lag nicht in meiner Absicht. Gewiß nicht. Vielleicht ist das ein Thema, über das wir einmal miteinander sprechen sollten.
Aber nicht jetzt. Es führt weit. Unendlich weit. Bis hin zu den Fragen nach dem Sinn von Leiden und Bevorzugung. Nach dem Sinn des Lebens überhaupt. Ich hab da im

Augenblick nicht die Kraft dafür. Wir werden das Thema verschieben.

REINHART

Wohlhabende Menschen sind für manche a priori schlechte Menschen. Daß man Reichtum nicht nur durch Korruption, sondern meist durch persönliche Fähigkeiten und intensiven Einsatz erlangt, daß man mit schwer verdientem Geld auch da und dort viel Gutes tut, darf in gewissen Kreisen nicht geäußert werden. Das ist eben so. Das ist eine Frage der politischen Einstellung.

ANNA

Das ist nicht nur so. Reinhart, du weißt, daß das nicht nur so ist. Laß uns ein anderes Mal darüber reden.

REINHART

Versöhnlich.

Ich kann ja, wie du siehst, auch mit weniger zufrieden sein. Schau einmal: hier. Das Frühstück ist ja nicht schlecht. Aber sehr einfach. Was meinst du, welchem Buffet du dich jetzt gegenüber sähest, wenn wir – wie ich es vorgeschlagen hab – auf die Insel geflogen wären. Das »Palace« dort ist mit keinem anderen Hotel hier in der Gegend zu vergleichen.

ANNA

Lächelt und trinkt aus ihrer Tasse.

Der Kaffee ist wundervoll. Kann garnicht besser sein. Das Brot schmeckt noch nach Erde.

REINHART

Frische Austern, Jakobsmuscheln, Kaviar…

ANNA

Gelbe und rote Marmelade…

REINHART

Gebratene Wachtelbrüstchen…

ANNA

Butter und Honig…

REINHART

Unter Palmen plätschernde Brunnen. Exotische Früchte.
Weiße Pfauen im Park…

ANNA

Brot und Himmel. Sand und Meer…

REINHART

Du bist ganz schön hartnäckig. Aber du zeigst Sportsgeist im
Wettkampf.

Beide lachen – dann schaut er sie an.

Ich würde dich gern in meine Welt einführen.

ANNA

Wieder ernster:

Ich bin nicht sportlich. Ganz und gar nicht. Ich glaub, ich
passe überhaupt nicht in deine Welt. Und das nicht aus – wie
du sagst – politisch einseitiger Anschauung. Deine Welt dreht
sich einfach so schnell… Viel zu schnell für mich. Da kann ich
nicht mit.

REINHART

Meine Welt…

ANNA

Ja, ich bin langsam. Ich möcht die Dinge lange anschauen. In
sie hineinhorchen. An ihrem Dasein Anteil nehmen. In ihrer
Stille wach sein.

REINHART

Wie meinst du das?

ANNA

Ich möchte verstehn… viel mehr begreifen…

REINHART

Ach, Anna, wer möchte das nicht?

HANDY

Meldet sich.

REINHART

Ja, wer? Natürlich! Ich begrüße dich. Wann? Das wäre ein guter Vorschlag. Aber ich weiß nicht, ob sie mag. Wann sagst du? Das wäre glänzend. Ich habe bis zum Abend zu tun. Das würde sie unterhalten. Ich werde sie fragen und rufe dann zurück.

Legt das Handy weg.

Pferderennen! Würde dir das gefallen? Heute nachmittag? Anschließend ein großer Empfang. Sie werden alle da sein. Alle. Leon hat angerufen. Leon Faberg, Generaldirektor des multinationalen Bankenkonzerns. Du kennst ihn doch.

ANNA

Gedankenverloren:

Kennen…

REINHART

Wir würden ihm eine Freude machen, wenn wir seiner Einladung Folge leisteten.

Pause.

Anna!

ANNA

Verzeih. Ich bin manchmal wirklich unaufmerksam. Zu sehr in Gedanken.

REINHART

Begütigend.

Nun, ein wenig abwesend, vielleicht.

ANNA

…abwesend… ich glaube – nein. Aber nicht aufmerksam. Das verdienst du nicht. Du bist so gut zu mir.

REINHART

Ich möchte noch viel besser zu dir sein. Aber du läßt mich ja nicht.

Scherzend:

Vielleicht ist es deine Bescheidenheit, die dich so zurückhält.

ANNA

Aber ich bin ja gar nicht bescheiden. Das scheint nur so. Womöglich sind meine Ansprüche an das Leben sogar über alle Maßen groß. Ja, so ist es wohl. Vielleicht bin ich sogar anmaßend. Anmaßend und hoffärtig. Wenn ich mich so absondere. Von den anderen.

REINHART

Du? Hoffärtig? Anmaßend? Schüchtern bist du. Das ist alles. Und noch nicht wieder ganz gesund.

ANNA

Hoffärtig... nein, vielleicht doch nicht. Aber betroffen manches Mal. Ein wenig traurig. Daß sich das Leben den meisten wohl so ganz anders zeigt. Daß sie es anders sehen müssen. So ganz anders. Der Radius ihres Blickwinkels scheint anders eingestellt zu sein als meiner.

REINHART

Ich bleibe dabei: du bist schüchtern und bescheiden. Damit wäre alles geklärt. Und was ist mit dem Pferderennen?

ANNA

Nun, wenn ich dir damit eine Freude mache, werde ich mitkommen. Ich kann dir ja nicht immer Nein sagen.

REINHART

Küßt ihr die Hand.

Wie schön! Dann werde ich den Paradiesvogel endlich aus seinem dunklen Käfig herausholen und der staunenden Welt sein goldenes Gefieder vorführen.

ANNA

Lächelnd.

Sein Gefieder? Vielleicht. Nicht aber sein Herz. Seine
Gedanken. Die würden deine Welt womöglich in Erschrecken
versetzen.

REINHART

Vielleicht aber seine wohlgesetzten Worte. Artige Worte.
Gescheite Worte.

ANNA

Nicht aber seinen Gesang.

REINHART

Erschrocken.

Anna. Du bist traurig. Das sollst du nicht sein. Du wirst das
Vergangene überwinden. Ganz sicher. Und ich werde dir dabei
helfen. Ich werde ihn dir zurückholen!
Bald wirst du alles vergessen haben: all die Enttäuschungen,
die Verletzungen. Deine Sorgen und Kämpfe. Bald. Glaube
mir. Bald. Schau, du bist jung und schön, und das Leben liegt
vor dir.

ANNA

Das Leben liegt i n mir. Verstehst du, Reinhart? Ich muß es
i n mir wiederfinden!

REINHART

Begütigend.

Oder so.
Du wirst eine gute Zukunft haben und du wirst wieder glücklich sein. Wie du dich auch entscheiden magst, ich werde an
deiner Seite bleiben… das heißt, solange du das magst. Das
versprech ich dir.

ANNA

Aber ich bin ja nicht unglücklich. Ich steh nur so dazwischen.
So zwischen gestern und morgen. Und ich kann die Gegenwart nicht orten. Niemand kann das. Aber mich hält noch ein

Dunkel fest, sodaß ich meinen Fuß nicht über die Schwelle heben kann.

REINHART

Scherzend.

Du solltest reiten!

Er lacht.

Dann trägt dich das Pferd.

ANNA

Nun, laß es uns zuvor doch lieber noch passiv genießen: das Reiten. Gehen wir zum Pferderennen!

Etwas spöttisch:

Brauch ich da einen Hut? Groß wie ein Mühlenrad?

Erhebt sich.

REINHART

D u heb' den Kopf! Das ist genug.

HANDY

Meldet sich.

REINHART

Perighi. Ja, ich warte. Hallo, hallo? Pronto. Du, Vater? Wie schön, dich zu hören. Ja, wir erwarten dich. Nein. Leider. Ich habe dringende Geschäfte. Aber ich werde bald zurück sein. Zwei oder drei Tage. Mailand. Wann? Hallo! Hallo! Vater? Hörst du mich noch?

Zu Anna:

Die Verbindung ist unterbrochen. Immer wenn's darauf ankommt, läßt die Technik uns im Stich.

ANNA

Schau, schau! Die Technik dankt es dir nicht, daß du sie so verehrst. Daß du ohne sie nicht leben kannst. Unterbricht einfach! Macht Pause! Im Gegensatz zu dir.

REINHART

Anna! Du kannst ja spöttisch sein!

ANNA

Nun ja. Hab' ich nicht recht? Du gönnst dir ja kaum eine ruhige Stunde. Und läßt dich – wo du auch immer bist – von diesem unmenschlichen, akustischen Monster stören. Oder sollte ich sagen: beherrschen?

REINHART

Ich bin in Verbindung mit der Welt. Muß das auch sein. Überall erreichbar.

ANNA

Ohne Zynismus:

Wirklich? E r r e i c h b a r?

Sie dehnt das Wort.

REINHART

Was wären wir ohne Kommunikation?

ANNA

Was wären wir ohne Begegnungen?

REINHART

Lacht.

Ich werde deine Wortspiele schon noch lernen. Mir gefällt er ja, dein Widerspruch.

Unvermittelt:

Du könntest seine Tochter sein. Du bist wie er.

ANNA

Wie wer?

REINHART

Wie mein Vater. Du bist wie Kristian Perighi.

ANNA

Du machst mich wirklich neugierig.

HANDY

Meldet sich.

REINHART

Hastig den Hörer ans Ohr nehmend:

Hallo, Vater! Oh, excuse me, Mister Sullivan! Yes. Yes. Oh, that's a bad message. Really. When? Where? At what time? No, no. In this case I have to come. Hallo, hallo? Who, who? Hallo? Chi? Ah, Dottor Crespi? Buon giorno. L'ho già sentito. Dunque – sarò a Milano verso le quattro. Verso le quattro più o meno. Sì. Parleremo di tutto. Saluti. ArrivederLa.

Legt das Handy weg.
Zu Anna:

Gott sei Dank, daß das Ding jetzt funktioniert hat. Ich muß dringend nach Mailand. Heute schon. Da ist ein Konkurrent, der mich bei einem Projekt, um das ich mich fast zwei Jahre lang bemüht habe, ausstechen will. Die Sache steht kurz vor dem Abschluß. Du verstehst das doch, Anna? Es tut mir so leid. Es wird nichts mit dem Pferderennen. Wie schade. E i n m a l sagst du Ja. Und dann bin i c h verhindert. Das soll nicht mehr vorkommen. Ich verspreche es.

Zärtlich:

Wenn du das nächste Mal Ja sagst, verlasse ich dich nie mehr. Nie. Dann bleibe ich das ganze Leben bei dir.

Legt schnell beschwörend einen Finger auf ihre Lippen.

Bitte, bitte. Sag jetzt nichts.

HANDY

Meldet sich.

REINHART

Perighi. Was? Oh bitte nicht schon wieder. Nicht schon wieder. Nein, Lydia, das geht wirklich nicht. Bitte bring die Sache wieder in Ordnung. Das darf doch nicht wahr sein! Bitte? Ja. Vater kommt hierher. Was? Ja hier zu uns. Nein. Sei so gut und tu' ihm das nicht an. Laß ihn in Ruhe! Er ist krank. Nimm doch e i n m a l Rücksicht.
Ein einziges Mal.
Nein. Ich weiß nicht, wann er kommt. Glaub' mir doch! Ich muß heute noch nach Mailand. Dringend. Bitte? Nein. Nicht nur du hast Probleme. Nein. Du kannst mir nicht helfen. Bitte komm nicht nach Mailand. Bring lieber deine Schwierigkeiten

in Ordnung. Das verdient er nicht. Grüß ihn von mir. Er tut mir leid.

Legt verärgert das Handy beiseite.

ANNA

Wer war das?

REINHART

Lydia Asfolter. Meine Mutter.

ANNA

Erstaunt.

Deine Mutter?

REINHART

Ja, du hast recht. Es fällt mir wirklich schwer, sie Mutter zu nennen.

Er lacht.

Sie hat so garnichts Mütterliches. Sie ist eigenwillig und exzentrisch. Und fällt damit fast allen Leuten auf die Nerven.

ANNA

Du hast kaum etwas von ihr erzählt.

REINHART

Da gäbe es so viel und so wenig zu erzählen, daß es sich wirklich nicht lohnt. Jetzt will sie sich von ihrem vierten Mann, einem Kunsthistoriker, scheiden lassen.

ANNA

Oh…

REINHART

Lydia dealt mit exquisiten Antiquitäten. Da sind die beiden nicht immer einer Meinung.

ANNA

Lacht.

Und das sollte ein Scheidungsgrund sein?

REINHART

Bei Lydia ist alles ein Scheidungsgrund. Ihr aufgeregtes Herz fühlt sich augenblicklich total vereinsamt, wenn man ihr nicht ihre Meinung, ihren Willen läßt.

ANNA

Scherzend.

Das versteh' ich…

REINHART

Aber er, William, der Vierte, ist ein netter Mensch. Schade um ihn.

ANNA

Und was wollte sie?

REINHART

Trost. Für ihre hysterische Untröstlichkeit. Für ihre totale Vereinsamung.

ANNA

Ihn hänselnd:

Du bist eben ein Rohling. Kannst dich nicht in unsere gequälten Frauenherzen hineindenken.

REINHART

Ach, Anna. Wenn du wüßtest, was ich denke. Was ich fühle…

Er unterbricht sich:

Ich lasse dir das Handy da. Ich bleibe mit dir in Kontakt. Ruh dich aus. Tu, was dir gefällt. Gönn dir, was gut und schön ist. Du hast ja recht, wenn du die Stille suchst. Fast beneide ich dich jetzt, daß du hier bleiben kannst. Hier am Meer. Unter den Wolken. Du siehst, ich habe schon von dir gelernt. Laß mich dein Schüler sein!

ANNA

Lächelt und streicht ihm leicht über die Haare.

Ich wünsche dir viel Glück. Wir werden uns schon vertragen,

das Handy und ich. Und wenn es zu aufdringlich werden sollte, vergrab' ich es im Sand.

REINHART

Du Grausame! Das könntest du tun? Ja willst du denn meine
Stimme nicht hören? Keine »Kommunikation« mit mir
haben?

ANNA

Ich freu mich, bis du wieder zurückkommst: Ich freu mich auf
unsere »Begegnung«.

REINHART

Schaut sie liebevoll an.

Anna.
Ich hoffe, daß ich spätestens in drei Tagen wieder bei dir bin.

Er reicht ihr die Hand.

Sollte sich mein Vater melden, sag ihm, daß er mich Ende dieser Woche wieder hier erreichen kann. Und grüß ihn schön.
Leb wohl meine Liebe.

ANNA

Leb wohl.

*Reinhart geht. Anna begleitet ihn ein paar Schritte, kehrt um zum Tisch und nimmt
ihre Tasche, dann geht sie auch. Kehrt aber noch einmal zurück und nimmt mit
spitzen Fingern das liegengebliebene Handy.*

Dich hätt ich ganz vergessen. Beinahe. Du Störenfried...
Oder...

Sie bleibt stehen und schaut das Handy an:

bist du es etwa jetzt, das mir Ruhe verschafft? Das wär ja para-
dox.

Sie schüttelt den Kopf und will gehen.

HANDY

Meldet sich.

ANNA

Seufzt.

Nun bin i c h wohl dran.

Zum Handy:

Hab dich zu früh gelobt. Ja bitte, wer spricht?

Im folgenden wird offensichtlich, daß sie sich bemüht, ihre Fassung zu bewahren.

Ach du bist es. Ja, hier spricht Anna. Es gibt auf dieser Welt wohl keine Chance, dir irgendwo zu entgehen.

Pause.

Ja, natürlich, ich weiß, daß dir nichts verborgen bleibt. Ich kenne dich. Was willst du?

Pause.

Nein, ich habe dir bereits gesagt, daß ich nicht unterschreiben werde. Niemals.

Pause.

Ich weiß nicht, womit du mich zwingen könntest.

Pause.

Ja, droh mir nur! Ich werde niemals auf mein Kind verzichten. Auch, wenn du es mir jetzt – wider alles Menschenrecht – schon weggenommen hast. Hinter meinem Rücken entführt.

Pause.

Meine Zustimmung bekommst du nicht.

Pause.

Ja, ja ich weiß, daß du Einfluß hast. Ich habe das bei der Scheidung genug zu spüren bekommen. Weiß jetzt, daß Recht nicht immer Recht, aber Macht immer Macht bleibt.
Schändlich hast du dir deinen Einfluß zunutze gemacht. Wie auch deine Eltern.
Ihr habt mich diffamiert und isoliert. Bei allen Freunden in ein ungutes Licht gerückt. Kein Mittel war euch zu schlecht, um es gegen mich zu verwenden. Ihr habt euren Charakter wahrlich gezeigt. Und unter diesem Einfluß soll nun mein Kind aufwachsen? Niemals! Du wirst schon sehen, daß ich kämpfen kann. Auch ich.

Sie klappt das Handy zu und läuft in die Richtung, wo Reinhart kurz zuvor abgegangen ist. Ruft verzweifelt:

Reinhart, Reinhart?

Kommt zurück und läßt sich fassungslos weinend auf einen Stuhl fallen...
Vorhang.

3. Bild

Wie am Anfang. Meer, Strand, Liegestuhl. Diesiger Spätnachmittag. Dumpf. Nach einem nocheinmal sehr heißen Tag. Vorgewitterstimmung. Kaum ein Geräusch. Anna in einem ärmellosen, langen, schwarzen Kleid liegt im Liegestuhl und liest. Vor die Szene ist ein Gazevorhang gespannt. Zum einen, um die dichte Vor-Gewitterstimmung, das Diesige, sichtbar zu machen, zum anderen aber, um die Handlung, die ihre Entsprechung in den Naturvorgängen hat, in eine imaginäre Wirklichkeit zu versetzen.

STIMME

Stille vor dem Gewitter. Schwere Luft. Dumpfe Luft. Gestaute Hitze eines schwülen Tages am Rande des Sommers.
Aufgeladen – wie von zu viel Ahnung.
Intensität. Träge Dichte. Dumpf über einem schweigenden Meer. Einem Meer aus Blei. Auf dem die Luft lastet.
Gestaltlos, schwanger.

Stille. Schmachtende Stille. Unerlöste Dichte.
Aber in ihr: die Erwartung.
Namenlose Dichte, die sich immer mehr anfüllt mit Erwartung.
Erwartung, die unser ganzes Wesen durchdringt.
Uns in sich aufnimmt.
Uns fiebern macht vor Erwartung.

Nicht lange, dann wird es losbrechen.
Wird sich auftun: das Geheimnis.
Wird brodeln und toben und die Gewalten mischen.
Den Schoß des Meeres aufwühlen. Die Wogen jagen.
Die Wolken. Mit feurigem Atem, aus dem die Blitze zucken.
Blitze, die uns die grausame Wahrheit ins Angesicht blenden:
H i e r   v e r m ö g e n   w i r   n i c h t s .

Aber noch ist es still. Noch geschieht nichts.
Aber immer mehr – spürbar – wächst die Spannung.

Wo ist unser Platz? Unser Ort? Unsere Stelle?
Ja, um Gotteswillen, w o r i n sind wir beheimatet?
Wo? Und welches Ziel sucht uns heim?
Wer erklärt uns diese Stille. Diese dumpfe, dichte Stille, in der alles zunimmt. Sich vermehrt.
Aber so, daß niemand es sagen kann.
Und wer erklärt die Stimme. Die Stimme, die fremde,

unsrige Stimme, die aus ihrem schwachen Hauch das Wort
benennt, das unsagbare.

ANNA

Laut lesend – um Verstehen bemüht:

»…nirgends… wird Welt sein als innen…«

STIMME

…als innen…

Stille.

ANNA

Rekapituliert:

…nirgends wird Welt sein als innen.

Sie läßt das Buch sinken.

STIMME

I n n e n wird Welt sein.

ANNA

Innen.

Eine Weile bleibt sie noch reglos. Dann steht sie auf und geht langsam zum Meer.

STIMME

Da steht sie, still und stumm.
Allein vor dem versunkenen Himmel. Allein vor dem schwei-
genden Meer. Blickt hinaus.
Versenkt sich in die zunehmende, immer mehr sich nährende
Stille der Erwartung.
Ein Mensch in seiner ganzen Einsamkeit steht vor dem Meer.
Bewegt von einem Gedanken, der sich verdichtet.

ANNA

Schweigt.

STIMME

Schweigt.

*Langsam, von Anna ungehört, nähert sich ein Mann. Geht leise und gedankenvoll
hinter Anna vorbei auf seinem Strand-Spaziergang. Erst als Anna die Stmme hebt
und nocheinmal wiederholt, bleibt er stehen, verwundert.*

ANNA

»…Nirgends… wird Welt sein als innen…«

KRISTIAN

Setzt fort:

»…und immer geringer schwindet das Außen.«
»Unser Leben geht hin mit Verwandlung…«

ANNA

Wiederholt gedankenentrückt:

…mit Verwandlung.
»Und immer geringer schwindet das Außen.«

Dann dreht sie sich um. Aber nicht überrascht. Eher so, als sei die Fortsetzung der Elegie nun reif gewesen und logisch. Daß sie ein Unbekannter übernommen hat, wird ihr erst jetzt bewußt.

KRISTIAN

Verzeihen Sie. Es tut mir leid.

ANNA

Ich danke Ihnen.

KRISTIAN

Lächelt.

Die siebte Elegie.

ANNA

Ich danke Ihnen.

Kristian Perighi ist ein Mann gegen Sechzig. Aber jugendlichen Aussehens. Hochgewachsen. Gutgeschnittenes Gesicht, das noch die italienischen Vorfahren erahnen läßt. Dunkle Augen. Dunkle Brauen. Weißes Haar. Er ist eine gepflegte, noble Erscheinung in sportlicher Kleidung. Jeans, weißes Hemd, einen Pullover um die Schultern geschlungen.

KRISTIAN

Sie erleben die Elegien?

ANNA

Ja. So ist es wohl. Ich e r l e b e sie.

KRISTIAN

Dann öffnet sich das Siegel. Um vieles. Da darf ich nicht länger stören.

ANNA

Wie um ihn festhalten zu wollen, geht sie hastig zum Liegestuhl, nimmt das Buch auf und liest – langsam – eher stockend:

»Wo einmal ein dauerndes Haus war, schlägt sich erdachtes Gebild vor, quer, zu Erdenklichem völlig gehörig, als ständ es noch ganz im Gehirne«

Sie blickt ihn fragend an.

KRISTIAN

Ja. Dieses materielle Haus! Das wir mit unseren Händen gebaut, in das wir uns eingenistet haben, weil wir einen Ort brauchen, den wir Heimat nennen können. Ein Haus, das schützt und uns soetwas wie Sicherheit suggeriert in dieser unsicheren Welt. Aber dieses »dauernde Haus« bleibt uns nicht. Birgt uns nicht für immer.

ANNA

Nein, nicht für immer.

KRISTIAN

Aber auch, wenn dieses Haus uns genommen wird, müssen wir nicht daraus vertrieben sein.
Weil wir es w i s s e n .

ANNA

Weil wir es uns eingeprägt haben. Dieses Haus. Weil wir uns daran erinnern können, wie es einmal gewesen ist. Weil es in unserer Erinnerung s t e h t . Noch immer. Unzerstörbar. So groß und fest, daß wir durch alle seine Räume gehen können. Wenn wir sie uns eingeprägt haben: als »…ständen sie noch ganz im Gehirne…«.

KRISTIAN

»…zu Erdenklichem völlig gehörig…«

ANNA

…also unverlierbar?

Hebt eine Muschel auf.

Aber hier. Hier, sehen Sie, da ist es umgekehrt. Hier hat das Leben die Muschel verlassen. Das Schalentier ist aus seinem Haus fortgegangen. Aber die Muschel, das Haus, liegt noch fest in meiner Hand.

KRISTIAN

Nimmt die Muschel.

Und Sie werden mich jetzt fragen, wo denn das Leben, das in ihm war, in diesem »dauernden Haus«, wohl geblieben sei. Das Leben, das sich dieses Haus aus Kalkprismen und Meeresschaum doch einmal gebaut hat und diesem fest verbunden war. Zu seinem Schutz. Zu seinem Überleben.

Sie werden fragen, wo dieses Leben geblieben sei. Wo doch die Muschel fest in meiner Hand liegt: sichtbar, fühlbar. Sodaß man ihre rauhe Oberfläche tasten, dem Verlauf ihrer Kerben mit dem Finger nachspüren kann.

Und ich werde Ihnen darauf keine Antwort wissen. Nicht d i e Antwort, die Sie gerne haben möchten. Dieses Haus ist noch vorhanden, aber…

ANNA

…es ist ohne Seele.

KRISTIAN

Ist nur noch Erinnerung an sie. An die Muschel. An das Lebewesen. An den Baumeister. Aber das Gehäuse legt davon Zeugnis ab, d a ß diese Seele e i n m a l d a war. In ihrem vollen und erfüllten Sein. In dieser Muschel, die ich hier in der Hand halte. Daß sie lebte.

Wie die vielen Burgen, Schlösser, Dome und Häuser vergangener Zeiten Zeugnis ablegen von den Menschen, die sie einmal geschaffen und bewohnt haben.

ANNA

Heute »geistern« andere Seelen darin herum. Machen sie sich

zunutze. In einer anderen Zeit. Mit einer anderen Weltanschauung.

KRISTIAN

Gibt Anna die Muschel zurück.

ANNA

Schön ist sie. Noch immer schön. Diese Muschel. Vom Meer durchspült. Sie ist nicht leer. Nicht wahr? Es ist in ihr so etwas… wie… wie ein Gesetz. Ein Gesetz, das sich von uns nicht auslegen läßt.

Sie hält die Muschel an ihr Ohr.

Aber, hören Sie, jetzt könnte man meinen, es lebe noch etwas in ihr. Das Meer. Der Gesang der Wellen. Aber das ist Täuschung. Ich weiß. Die Täuschung durch das Rauschen des eigenen Blutes. Es ist m e i n eigenes Leben, das sich da wiedergibt. Das Meer in mir selbst. Das immer in Bewegung ist. Hören Sie!

Die Muschel wandert wieder in Kristians Hand.

Und nun das Ihre.

KRISTIAN

Lauscht, dann lächelt er.

Jetzt ist's natürlich fraglich, ob ich das meine höre – oder noch das Ihre. Vielleicht ist diese Muschel schon so angefüllt von Ihrem Wesen, vom Rauschen I h r e s Blutes, daß ich das meine nicht mehr hören kann.

ANNA

Ja, wer soll's unterscheiden?
»Nirgends wird Welt sein als innen«.

KRISTIAN

Lacht.

Innen in der Muschel. Der w i r wieder Leben geben.

ANNA

Deren Kalkprismen wir wieder in Schwingungen versetzen durch unser Blut. Aber auch das wird vergehen.

KRISTIAN

Es gehört zu unserem Wesen, zu unserer Natur, daß wir immer nach etwas Bleibendem suchen müssen. Auch in uns selber. Rilke sagt:»…am liebsten alles behalten für immer… Ach, in den andern Bezug…«

Er stockt.

»…wehe, was nimmt man hinüber?…«

ANNA

Das ist die Neunte. Die neunte Elegie! Ja, was nimmt man… hinüber?

KRISTIAN

Nachdenklich.

In den andern Bezug, über das Lebensende hinaus. Aber: »Hiersein ist herrlich.«
Und dann:»Denn eine Stunde w a r jeder, vielleicht nicht ganz eine Stunde, ein mit den Maßen der Zeit kaum Meßbares zwischen zwei Weilen…«

ANNA

Setzt fort:

»…da sie ein Dasein hatte…«. Die Muschel. Die Stunde. Alles.»…Die Adern voll Dasein….«.

KRISTIAN

Wiederholt:

Vielleicht nicht ganz eine Stunde.

ANNA

» E i n mal jedes, nur einmal. E i n mal und nicht mehr. Und wir auch e i n mal. Nie wieder. Aber dieses e i n mal gewesen zu sein, wenn auch nur e i n mal: i r d i s c h gewesen zu sein…«

KRISTIAN

»…scheint nicht widerrufbar…«.

Sie schauen sich an und schweigen.

ANNA

Hält inne und schaut ihn an.

Nie – ist mir einer begegnet, der diese Worte so aufgenommen und weitergegeben hat. Sind Sie Germanist?

KRISTIAN

Lacht.

Nein, aber ich seziere mitunter auch. Ich bin Arzt.

ANNA

Sie zeigt auf das Buch.

Dies hier kann man nicht auseinandernehmen. Weil es ein Ganzes ist. Weil alles zusammenfließt. Wie zurück zu der Quelle, aus der alle Erkenntnis kommt. Alles wirkliche Geschehen.

KRISTIAN

Wie schön. Wie berührend Sie das gesagt haben. Sie verbringen hier Ihre Ferientage? Geben sich Zeit und Ruhe. Nützen sie. Nicht nur für die braune Haut. Auch für die Seele. Das ist schön.

ANNA

Meine Haut soll hier zu einem dicken Fell werden. Also waltet und fordert ein nicht so gnädiges Schicksal.

KRISTIAN

Wer könnte dies fordern und walten?

ANNA

Das Schicksal.

KRISTIAN

Das liegt doch wohl auch in Ihrer Hand. Im Augenblick machen Sie jedenfalls nicht den Eindruck, daß Ihnen das Fell über die Seele gezogen werden könnte. Ganz und gar nicht.

ANNA

Nein? – Ja, es ist wahr: ich wehre mich. Ich will den Tag in seiner unerbittlichen Bedingtheit nicht über meine Fragen wuchern lassen. Die Welt in ihrer kaltschnäuzigen Extrovertiertheit und hochstaplerischen Arroganz darf uns doch nicht zwingen, um eines Vorteils willen, das Eigenste in uns zu verleugnen. Es abzutöten. Nicht wahr? Das darf sie nicht. Abtöten. Immer wieder. Da, wo noch etwas lebendig ist in uns. So viele Tode darf man nicht sterben. Ist doch einer schon genug.

KRISTIAN

Ja. Einer ist genug.

Sie schweigen und schauen sich an, dann geht sein Blick aufs Meer.

Draußen, da draußen, scheint die Stille schon aufgebrochen zu sein. Hier drückt die Schwüle noch aufs Gemüt. Schwer. Nimmt ein wenig den Atem. Sie werden es nicht spüren. Sie sind noch jung.

ANNA

Ja, doch. Ich fühl es auch. Eine merkwürdige Stimmung. Als sei die Scheidewand zwischen Diesseits und Jenseits porös geworden.

KRISTIAN

Ja, seltsam. Durchlässig und durchsichtig. Vielleicht sogar aufgehoben. Die Scheidewand war nur ein Schleier. Jetzt hüllt er alles in sich ein.

ANNA

Durchwebt, durchdringt die Atmosphäre – den Äther.

KRISTIAN

Entmaterialisiert das ganze Universum. So scheint es.

Sie schauen sich eine Weile an.

Das liegt womöglich an unserer Begegnung…

ANNA

…daß wir das so empfinden.

Eine sekundenlange Verwirrung löst sich auf durch den ersten Blitz. Mit dem gleichzeitig der Gazeschleier vor der Szene zerreißt. Erschrecken. Schweigen. Fernes, schwaches Donnergrollen.

KRISTIAN

Sich wieder findend:

> Sie sollten zurückgehen, zurück ins Hotel.

ANNA

Fest.

> Ich kann nicht zurückgehen. Noch nicht. Ich kann jetzt hier nicht weggehen. Einfach so.

KRISTIAN

> Nein?

ANNA

> Es ist so stark.

KRISTIAN

> Ja. Aber bald wird es da sein. Mit der ganzen Wucht der Elemente.

ANNA

> Es soll kommen. Ich bin da, es anzunehmen. Mich ihm hinzugeben. Alles Unwesentliche abzutun.

KRISTIAN

> Für diese Stunde.

ANNA

> Zwischen Diesseits und Jenseits.

KRISTIAN

> Für die Wucht der Gegenwart.

ANNA

> Für die Wucht der Wahrheit.

Sie wacht auf wie aus einem Rausch. Verwirrt nimmt sie das Buch und drückt es an sich.

KRISTIAN

Der Wind hebt sich. Vielleicht trägt er uns fort. Wie im Tanz.

ANNA

Oh, ja. Wie im Tanz. Weg. Weit weg, in eine wundervolle Wirklichkeit. In eine Wirklichkeit, an der kein Zweifel laut wird.

KRISTIAN

Keiner.

Es blitzt, der Donner wird immer stärker, der Wind lebhafter.

Ich habe Sorge um Sie. Noch sind wir den Gegebenheiten dieser Welt nicht entronnen. Darf ich Sie in Ihr Hotel zurückbringen? Wo wohnen Sie?

ANNA

Da oben, gleich hinter der Pinienwand.

KRISTIAN

Das trifft sich gut. Dort wohne ich auch.

ANNA

Das ist schön. Aber ich habe Sie noch nie gesehen. Sind Sie alleine hier?

KRISTIAN

Ja. Vorläufig schon. Und Sie?

ANNA

Ich auch. Vorläufig noch.

KRISTIAN

Ich bin erst angekommen. Darf ich mich auf einen gemeinsamen Abend freuen?

ANNA

Auf einen langen Abend, wenn Sie wollen. Es war in meinem Leben noch niemals etwas so wirklich, wie diese Stunde hier mit Ihnen im Umbruch der Gezeiten.

KRISTIAN

In dieser zugemessenen Stunde.»...Da sie ein Dasein hatte...«.

ANNA

Und wir:»...die Adern voll Dasein...«. Keiner sollte fragen, was wird. Keiner.

KRISTIAN

Keiner sollte es fragen.

ANNA

Einmal sollte man sich für das Leben entscheiden.

KRISTIAN

E i n mal – und vielleicht nie wieder.

ANNA

Was ist nur geschehen?

KRISTIAN

Alles.

ANNA

Alles?

KRISTIAN

Wir haben beide – wider jedes Erwarten, ohne jedes Zutun – vielleicht zum ersten Mal in eine gleichnamige Seele geschaut. Ist doch für die meisten heute einer, der weitergeht als bis zur nächsten Kirche, ein Sonderling. Ja, schon der, welcher es noch bis zur Kirche schafft, ist ihnen verdächtig. W i r hatten einen Mittler. Wir haben einander in die Seele geschaut.

ANNA

Besinnt sich.

Und wir hätten das nicht tun dürfen. Es ist Ihnen doch klar, daß wir das nicht hätten tun dürfen. Niemals.

KRISTIAN

Lächelnd zustimmend.

Niemals.

ANNA

So etwas schickt sich nicht. Nein, das schickt sich ganz und gar nicht. So mit der Wahrheit umzugehen, als sei sie nichts Verborgenes. So mir-nichts-dir-nichts mit ihr herauszurücken. Mit der Wahrheit – das schickt sich nicht.

KRISTIAN

Wollen wir danach fragen, was sich schickt? Und die Stunde versäumen? Diese kostbare Stunde, in der es uns drängt nach Wahrheit?

ANNA

Sie sind ein Fremder.

KRISTIAN

Ja.

ANNA

Von weither.

KRISTIAN

Ja.

ANNA

Sie sind ein Fremder. Von weither. Aber ich kenne Sie.

KRISTIAN

Lächelnd.

Ich kenne Sie auch, schöne Fremde.

ANNA

Wir sind also Fremde. Aber nicht Unbekannte.

KRISTIAN

So empfinde ich das auch.

ANNA

Leise:

Wir gefallen uns. Wir gefallen uns sogar sehr.

KRISTIAN

Sehr.

ANNA

Wir haben uns einander angenähert. Ohne es zu wissen.

KRISTIAN

Es hat sich etwas Unvorhersehbares ereignet.

ANNA

Es waren die Elegien. Es war Rilke. Aber man darf bei solch unerwarteter Nähe nicht außer acht lassen: Sie sind ein Mann, und ich bin eine Frau.

KRISTIAN

Das ist die Spannung. Das macht diese Nähe so besonders schön. So dicht. So, wie die Luft vor dem Gewitter.

ANNA

Die Vibration einer Spannung.

KRISTIAN

Es scheint, die Schwüle des heutigen Tages hat dies alles in sich aufgespart, um uns zueinander zu erlösen: uns loszulösen von Verstellung und Konvention.

ANNA

Aber wir haben das Spiel versäumt. Das Spiel, das solcher Nähe zwischen Mann und Frau doch immer vorausgeht.

KRISTIAN

Es ging ihr etwas anderes voraus. Etwas Tieferes.

Lächelnd.

Wollen Sie das Spiel nachholen?

ANNA

Es wäre schön. Wird das denn gehn? Jetzt noch? Wir kennen
uns doch schon so gut.

KRISTIAN

Zärtlich.

Ich habe Phantasie.

ANNA

Ich weiß. Oh ja, ich weiß es!

KRISTIAN

Plötzlich.

Bitte...bitte... geben Sie mir Ihre Hand. Sie wissen, es wird
ernst sein mit diesem Spiel.

ANNA

Aber Sie sollten sich nichts dabei denken. Nichts... was Anna
in ein falsches Licht rücken könnte. Anna ist nicht so leicht...
zugänglich. Sonst. Nicht leichtfertig. War das niemals.

KRISTIAN

Ich habe das nicht angenommen.

ANNA

Nimmt seine Hand und legt leicht ihre Wange hinein.

Ich fühle, wie mein Leben wieder zu mir zurückkehrt.

KRISTIAN

War Ihr Leben denn nicht bei Ihnen? Wer hat es unterbrochen?

ANNA

Die Welt. So sagen wir doch, wenn uns etwas Arges wider-
fährt: die schlechte Welt, die böse Welt. Aber die W e l t kann
garnichts dafür. S i e versagt nicht, s i e geht ihren Gang.
Und leidet ebenfalls unter den Menschen.

KRISTIAN

Die tiefsten Verletzungen erleben wir zumeist durch nahestehende Menschen. Ihnen gegenüber sind wir offen und voll Vertrauen. Haben keinen Schutzschild aufgerichtet, wie vor der fremden, unbekannten Welt.

ANNA

Nein. Keinen Schutzschild. Und wenn man dann entdeckt, daß das Vertrauen mißbraucht wurde, ist es zu spät, einen aufzurichten.

KRISTIAN

Ich weiß. Man hat mich auch verwundet. Oft aus den eigenen Reihen. Darum bin ich nach bitteren Erfahrungen späterhin allein geblieben.

ANNA

Sie haben mir mein Kind genommen. Nach der Scheidung haben sie mein Kind entführt.

KRISTIAN

Überrascht.

Sie haben ein Kind?

ANNA

Ja, einen Sohn.

KRISTIAN

Verzeihen Sie, daß ich das frage. Aber unser Zusammentreffen hat sich auf eine so ungewöhnliche Weise ereignet, so spontan, so überwältigend, daß ich ganz vergaß, daß Sie ja auch eine Vergangenheit besitzen.

ANNA

Eine Vergangenheit…

KRISTIAN

Als der Blitz geschah, da habe ich wohl auch meine eigene abgelegt. Mit einem Mal. Von einem Atemzug zum anderen. Der Blitz hat sie weggerissen von meinem Sein. Die Vergangenheit. Diese oft so mühsame und einsame Vergangenheit. Aber nicht nur die Vergangenheit. Nein, auch die Zu-

kunft. Die unüberschaubare. Ausweglos daherkommende Zukunft. Hinweggerissen. Einfach hinweggerissen.
Und – wie es scheint, das ganze Dasein versammelt in einen
einzigen Augenblick. Der Blitz.

ANNA

Der Blitz.

KRISTIAN

Er hat die Augen klar gemacht für die Gegenwart. Für das
Gefühl einer unauslotbaren Gegenwart.

ANNA

Ich weiß.

KRISTIAN

Aber daß wir uns so begegnen konnten, jetzt, hier, heute, in
dieser Stunde, in der Stimmung einer spätsommerlichen
Verdichtung, und bereit wurden füreinander durch diesen
Blitzschlag, der alles erhellte, das kommt ja aus der Summe
unserer angesparten Vergangenheit.

ANNA

Ja, daß er überhaupt geschehen konnte, ist vielleicht nur
erklärbar aus der langen Sehnsucht, einmal einem Menschen
zu begegnen, der in einer gleichen, vertrauten Gedankenwelt
lebt. Aber wir sollten nicht zuviel darüber reden. Kein Wort
wird da Erklärung schaffen.

KRISTIAN

Ja, da haben Sie recht.
Wie heißt Ihr Sohn, wie alt ist er?

ANNA

Sebastian.
Mit einem weichen Lächeln.
Er heißt Sebastian. Er ist acht Jahre alt. Ich werde ihn wieder-
bekommen. Irgendwann einmal. Ich weiß es.

KRISTIAN

Gewiß. Ich bin ganz sicher.

ANNA

Ich werde um ihn kämpfen. Ich werde um mein Kind kämpfen.

KRISTIAN

Sie werden, Sie müssen den Kampf gewinnen.

ANNA

Ja, ich werde ihn gewinnen. Irgendwann einmal. Menschen können grausam sein. Man ist ihnen so ausgeliefert. Denen, die die Macht haben, ist man so ganz ausgeliefert.

KRISTIAN

Das scheint so. Für eine Weile immer scheint das so. Nicht selten kommt es uns vor, daß die dunklen Kräfte überwiegen. Das »Menschliche« ist so facettenreich. Wäre im Grunde nicht alles schon einmal gesagt worden, was die Menschheit hätte weiterbringen können? Die Bücherregale sind voll von weisen, guten und edlen Gedanken. Aber was ist schon davon verwirklicht worden? Was lebt davon überhaupt noch im Bewußtsein der Menschen? Sie sind blind und taub. Unfähig, das Gute in ihrem Innern zu gestalten. Immer weiter und immer wieder lassen sie sich von ihren niedrigen Instinkten beherrschen. Keiner ist ganz frei davon. Keiner.

ANNA

Da und dort haben wir vielleicht das Glück, einem zu begegnen, der sich dessen bewußt ist und auch darunter leidet. Aber die Mehrzahl…

KRISTIAN

Die Mehrzahl unserer Spezies bleibt stumpf. Nur dem äußerlichen Dasein zugewendet: Sucht nicht, fragt nicht. Frißt sich ein in dieses Leben. Kann seine Freßlust niemals stillen. Verzeihen Sie, aber… Was wir Geschichte nennen, ist nichts als die Müllhalde unseres gemeinsamen Versagens.

ANNA

Ja. Vielleicht da und dort eimal ein Prophet. Einer, der die Tür aufmacht. Leider gehen nur so wenige hindurch. Den meisten ist der Weg durch diese Tür zu mühsam. Zu wenig spektakulär. Denn auf dem Wegweiser steht: Opferbereitschaft und Verzicht.

KRISTIAN

Wollen wir heute auch verzichten, Anna? Sie heißen Anna. Sie haben mir vorhin, ohne es zu bemerken, ein Geheimnis anvertraut. Ihren Namen. Anna. Wie schön und einfach. Anna. Er gehört zu Ihnen.

Der Wind ist stärker geworden. Blitze zucken. Donner.

KRISTIAN

Weiter:

Ich habe leider nicht mehr viel Zeit.

ANNA

Erschrocken.

Sie reisen ab?

KRISTIAN

Man könnte es so nennen.

ANNA

Ach…

KRISTIAN

Man hat nie viel Zeit. Für Wesentliches. Und die Uhr läuft.

ANNA

Tonlos.

Läuft.

KRISTIAN

Läuft ab.

ANNA

Bitte sagen Sie das nicht... nicht so... Sie erschrecken mich.
Es tut sich da plötzlich so ein Abgrund auf, vor mir.

Schaut ihn an, erschauernd, und stammelt leise:

Oh nein... oh bitte, bitte... nein. Wir haben uns doch erst kennengelernt.

KRISTIAN

Mein Gott, verzeihen Sie. Wie ist es nur möglich? Da erleben
wir miteinander eine Zeit höchster und intensivster Gemeinsamkeit. Und ich habe mich Ihnen noch nicht einmal vorgestellt.

ANNA

Faßt sich.

Das war auch nicht nötig. Ich weiß, wer Sie sind. Ein Name
wird daran nichts mehr ändern können. Garnichts. Kein
Name. Keine Verstellung. Nichts.

KRISTIAN

Anna.

ANNA

Ja. So ist es. Das bekenn ich. Nie war mir irgendetwas so
klar... so klar... Mag kommen, was da will.

KRISTIAN

Anna. Ich weiß. Es scheint, die Liebe hat sich ereignet. Hier.
Zwischen uns. In einem von unserem Bewußtsein unbeobach-
teten Augenblick. In der Mitte einer besonderen Stunde. Die
Liebe. Die Liebe zwischen zwei Menschen, die unterschied-
lich lang auf der Erde gelebt haben. Bis zu dieser Stunde. In
der sie feststellen, daß Zeit und Abstand nur eine unerhebliche
Rolle spielen.

ANNA

Garkeine.

KRISTIAN

Garkeine? Vielleicht doch. Denn hier, in diesem Leben haben wir mit angestammten Vorgaben zu rechnen. Leider. Und darum muß ich Anna behüten.

ANNA

Behüten?

KRISTIAN

Muß sie schützen. Vor mir. Vor einem großen Schrecken.

Er lächelt.

»...Denn das Schöne ist nichts als des Schrecklichen Anfang...«.

ANNA

Ich werde keinen Schrecken scheuen.

KRISTIAN

Mein Name ist Perighi. Kristian Perighi.

ANNA

Tritt einen Schritt zurück.

Das ist nicht möglich. Das kann nicht sein. Nein, nein...

KRISTIAN

Anna. Was ist? Geht es Ihnen nicht gut? Nun habe ich Sie doch erschreckt? Warum? Sie kennen meinen Namen? Hatten mit mir zu tun in irgendeiner Weise? An der Universität? In den Kliniken? Sprechen Sie doch, Kind! Sie sind ja ganz blaß.

ANNA

Es ist nichts. Wirklich nichts. Nichts, was diese Stunde verdunkeln könnte. Ich habe meinen Weg. Und ich werde ihn gehen. Bis zum Ende.

KRISTIAN

Ein Stückchen darf ich Sie begleiten. Ein kleines Stück. Wenn Sie es mir erlauben?

Gehen ab.

STIMME

Das Wetter hat sich entfaltet. Ist niedergegangen.
Alles ist in Bewegung.
Das Meer tost unter dem Sturm. Rollt gewaltige Wogen ans
Land. Als wolle es die Erde verschlingen.
Alles ist Rauschen. Nichts ist mehr unterscheidbar.
Nicht Himmel und Meer. Nicht Wasser und Land.
Nicht Diesseits und Jenseits.
Nicht Gehen und Wiederkehr.

Die Stimmen von Anna und Kristian hat der Wind vermischt
und mit sich genommen. Vermischt mit dem Sturm.
Fortgetragen hinauf in den Sturm.
Ihre Stimmen sind in den Lüften aufgegangen.
Aufgestiegen wie Vögel, die das Geheimnis der Erde nach
Hause tragen.

Gedenkt der Stimmen. Gedenkt der Vögel und des Sturms.
Des Sturms.
Gedenkt des Rauschens.
Bewahrt es in Euch. Das Rauschen.
In ihm liegt die Wahrheit.

Vorhang.

4. Bild

Bühnenbild gleich dem des zweiten Bildes. Mit allem, was dazugehört. Gedeckter Frühstückstisch. Bereits serviert. Anna steht mit dem Rückem zum Zuschauerraum ganz hinten an der Säulenumrandung der Terrasse in einem leichten, weißen Kleid. Ihr Blick ruht auf dem Meer. Nach einiger Zeit erscheint Kristian. Eilig. Wie einer, der sich verspätet hat. Er hält eine weiße, aufgeblühte Rose in der Hand, die er auf den Tisch an Annas Platz legt.

KRISTIAN

Entschuldigend.

Ich habe mich verspätet. Du hast auf mich gewartet.

ANNA

Seit ich denken kann.

KRISTIAN

Geht auf sie zu.

Geliebte Anna, meine Geliebte.

Er umarmt sie zart.

Drei Tage im Schoß des Lebens. Drei Nächte im Schoß der Ewigkeit. Mit dir.

ANNA

Du warst lange weg. Unzeiten. Gewiß eine halbe Stunde. Ich hab das kaum überstanden.

KRISTIAN

Anna…

ANNA

Halte mich fest. Ganz fest. Daß der Traum nicht entflieht. Nicht wahr, du hältst mich fest?

KRISTIAN

Ich halte dich. Oh ja, ich halte dich. Mit allen Gedanken. Mit jedem Nerv. Mit meiner ganzen Empfindung. Aber ich halte dich nicht f e s t . Ich schnüre dich nicht ein. Will dich nicht binden.

ANNA

Wie meinst du das: nicht binden?

KRISTIAN

Ich möchte, daß du atmest. Ganz tief in die Welt hinein –
atmest. Leicht und frei.

ANNA

Wie kann man frei sein, wenn man liebt? Drei Tage mit dir,
und schon bin ich verloren, wenn du nicht bei mir bist.

KRISTIAN

Lacht.

Ja. Du hast recht: Glück nimmt in die Pflicht.

ANNA

Glück macht Angst. Man weiß zuviel von seinem Werdegang.

Sie schüttelt den Kopf.

Wie du es nur übers Herz bringen konntest, so lang von mir
entfernt zu sein! Mich mit dem großen Meer da ganz allein zu
lassen.

KRISTIAN

Das mußte ich riskieren.

ANNA

Aha, das mußtest du riskieren.

KRISTIAN

Ja. Ich war auf Morgenlandfahrt in der frühen Sonne. Jawohl.
Für meine Dame. Für dich, Anna.

ANNA

Für mich?

KRISTIAN

Was glaubst du, was ich alles unternehmen mußte, um sie…

Er deutet auf die Rose.

zu finden. Da schlägt mancher Ritter leicht eine Schlacht für seine Liebste. Weiße Rosen sind hier selten. Am Ende hat sich eine alte Frau meiner erbarmt, weil ich so sehnsüchtig über ihren Gartenzaun geschaut hab. Zuvor aber mußte ich ihr die Rose noch »preisen und rühmen«. Sonst wäre sie vielleicht garnicht auf den Gedanken gekommen, sie mir zu überlassen.

ANNA

Sie ist wunderschön. Ich danke meinem Ritter. Aber schau, Kristian, da... da hab ich auch etwas für dich. Ich trag ihn immer bei mir. Schon seit vielen Jahren.

Sie legt ihm etwas in die Hand.

KRISTIAN

Ein Bergkristall.

ANNA

Ich hatte immer das Gefühl, daß er das Dunkle von mir abzieht.

KRISTIAN

Ihn betrachtend.

Klar und durchsichtig. Wie Anna.

ANNA

Wie unsere Liebe.

KRISTIAN

Wie unsere Liebe. Ach, Anna, wie kann ich dir danken. Für all das.

ANNA

Zieht ihn zärtlich zum Tisch.

Indem du mir den Kaffee einschenkst.

KRISTIAN

Den Tisch betrachtend.

Wie schön das alles ist. Ein gedeckter Tisch, Brot und Butter. Kaffee. Gelbe und rote Marmelade. Was für Geschenke!

ANNA

Hintergründig.

Anderen scheint's zu wenig. Zu einfach. Nicht…

Sie lacht.

…kulinarisch pompös genug.

KRISTIAN

Unser Hunger geht nach dem Gehalt des Einfachen. Nicht wahr, Anna? So ist die Liebe – sie macht uns hellsichtig und öffnet das Herz für das Wesen der Dinge, die noch ganz aus sich selber heraus da sind. Nur um ihrer selbst willen. Aus der Kraft ihrer Eigentlichkeit. Die Liebe leuchtet sie aus in ihrem wunderbaren Dasein. Und wir finden uns wieder im Einfachen, dem sich der menschliche Verbesserungsmutwille noch nicht allzusehr aufgedrängt hat. Es tut gut, sich einmal wieder dieser Tiefe und Ehrlichkeit aller Dinge zu besinnen. Und sich an ihnen zu erfreuen.

ANNA

Ja, so sollte es immer sein. Die Liebe sollte immer so sein.

KRISTIAN

Warm.

Du gibst mir Leben, Anna. Atem, Gegenwart. Begreifst du, was das heißt?

ANNA

Leben… Ach Kristian, Gegenwart. Eigentlich begreife ich nichts. Garnichts. Ich weiß nur, daß ich dich – so – unermeßlich – unbegreiflich – liebe. So, daß ich mich – mein Ich – mein Selbst – mein Leben – auflösen möchte in dir – um immer mit dir, bei dir, in dir zu sein. Verzeih, Kristian… Aber das ist im Augenblick meine Gegenwart. Mein Atem. Und mein Leben.

KRISTIAN

Zeigt aufs Meer.

Da, sieh nur, dort drüben, da im flimmernden Licht: zwei Segelboote. Dicht beieinander.

ANNA

Sie versuchen miteinander Kurs zu halten.

KRISTIAN

Das ist garnicht so leicht, wenn zuviel Wind die Segel bläht!

ANNA

Ob sie ein Ziel haben?

KRISTIAN

Vielleicht nur das eine: beieinander zu sein. Da auf dem Meer. Vom Wind geführt. Da unter der Sonne.

ANNA

Sonst nichts?

KRISTIAN

Sonst nichts. Nur das.

ANNA

Und sie suchen nicht nach einer Insel, wo sie ankern könnten? Land in Besitz nehmen?

KRISTIAN

Nein. Nur das. Das macht ihr Glück aus.

ANNA

Aber was ist, wenn der Wind sich legt? Und die Segel müde vom Mast hängen? Schlaff und müde? Ach Kristian, so war das bei mir, bevor du in mein Leben kamst. Ich war ganz ohne Antrieb. So mutlos. Und ohne jede Hoffnung auf Freude. Ganz ohne Kraft.

KRISTIAN

Du bist stark, Anna. Du warst nur müde. So ein wenig – lebensmüde.

ANNA

Ja. So »ein wenig« lebensmüde.
Wenn ich jetzt stark bin, dann bin ich es durch dich. Durch

meine Liebe zu dir. Aber vorher…ich meine, in der letzten
Zeit vor unserer Begegnung, entsprach nichts – garnichts –
mehr dem, was ich verstehen und begreifen konnte. Ich war zu
sehr allein. Ich hab nach Hilfe gesucht.

KRISTIAN

Bei Menschen, die du dir vertraut glaubtest.

ANNA

Ja. Die ich mir vertraut glaubte. Bei Freunden.

KRISTIAN

Und du hast sie dort nicht gefunden. Diese Hilfe.

ANNA

Nein. Nicht gefunden. Keine Hilfe. Keinen Trost und keine
Wärme. Anfangs dachte ich, daß es mich erleichtern könnte,
wenn ich bei ihnen mein Herz ausschüttete. Daß es mich
befreien würde, wenn ich meinen Kummer ausspräche.

KRISTIAN

Nickt.

Aber dann spürtest du, wie sich da bald ein Vorhang plötzli-
cher Zurückhaltung und Reserviertheit vor die diskrete
Neugier erster Anteilnahme schob…

ANNA

Ja. Denn soweit wollte man sich doch nicht einlassen auf mein
aus den Fugen geratenes Leben. So weit nicht. Auf den
Gefühlsturz einer Unglücklichen. Auf ihre Hilflosigkeit. Und
da stand ich nun vor ihnen: entblößt und nackt. Ich konnte
mich nicht mehr bedecken. Nichts zurücknehmen. Kein Wort.
Keine Träne. Keine Äußerung. Ich konnte mein Vertrauen
nicht zurücknehmen. Verstehst du?

KRISTIAN

Ich weiß. Ich verstehe dich gut.

ANNA

Und dann war alles noch schlimmer als zuvor. Denn nun fühlte ich mich wirklich preisgegeben.

KRISTIAN

Ausgeliefert. Ach, Anna...

ANNA

Preisgegeben durch die Scham. Denn jetzt schämte ich mich. Für mein Unglück. Für meine Hilflosigkeit.

KRISTIAN

Man schämt sich aber auch für seine Freunde. Für Menschen, die sich so verhalten. Fragt sich dann selber aber auch einmal nach eigenem Versäumnis den andern gegenüber. Ich weiß. Ich kenne das. Ach Anna, liebe, liebe Anna. Wer weiß, wofür das alles nötig ist: der Schmerz, das Leid, die Ohnmacht. Denn wenn wir nicht an unsere Grenzen stoßen, bleibt alles klein und ohne Überwindung.

ANNA

Einer nur, ein einziger, war übrig geblieben. Ja. Einer aus meinem alten Lebenskreis. Einer, den ich nicht einmal näher gekannt habe. Vorher. Ich will damit sagen: es gab da schon einen Menschen, der mir zur Seite stand. Soweit ich ihm das erlauben konnte. Es gibt da einen Mann...

KRISTIAN

Ich hab es mir gedacht.

ANNA

Aber nicht so, wie du vermutest. Er ist ganz anders als ich. Verstehst du? Es – es gibt da so wenig Übereinstimmung zwischen ihm und mir. Er ist so – so überaus lebenstüchtig. Ja: weltzugewandt und lebenstüchtig.

KRISTIAN

Ich verstehe. Aber du magst ihn?

ANNA

Ja, ich mag ihn. Er ist ein guter Mensch. Er war der einzige, der sich um mich gekümmert hat. Mir wieder das Gefühl gab, etwas wert zu sein. Ja, ich mag ihn sehr.

KRISTIAN

Das ist schön.

ANNA

Der einzige, der mir half, das Leben wieder auf mich zu nehmen. Aber nicht mehr. Verstehst du, Kristian? Da ist wirklich nicht mehr. Ich hab nach einem neuen Raum gesucht... Aber nicht da draußen, wo die Welt laut und turbulent und eitel ist. Ich hab nach einem Raum gesucht, da innen in mir, aus dem ich wieder leben, denken, fühlen kann. Ja, da in mir.

KRISTIAN

Und das begreift er nicht?

ANNA

Nein. Das begreift er nicht. Er begreift nicht, daß man eine unstillbare Sehnsucht haben kann, aus einem tieferen Sinn heraus sein Leben finden zu wollen. Und i c h habe nicht die Worte, ihm das begreifbar zu machen. Wie lange war ich doch selber auf der Suche nach diesen Worten.

KRISTIAN

Ich weiß. Und in einem Buch hast du sie dann gefunden. Du hast sie nachgesprochen, diese Worte. Hast versucht, in ihr Geheimnis hineinzuspüren. Du hast sie in die Luft gehaucht. Und ich habe sie gehört. Ich habe d i c h gehört. Ich mußte stehenbleiben. Ich mußte diese Worte, die noch nicht ganz d e i n e Worte waren, fortsetzen – aus der Gedankenverbindung ihres Schöpfers heraus. Mußte dem magischen Rhythmus ihrer Aussage folgen. Bis hin zu dir. Und da bin ich nun, Anna: hier bei dir.

ANNA

In der Morgensonne. Beim Frühstück. Bei Brot und Butter.

Bei gelber und roter Marmelade. Darf ich dir noch Kaffee ein-
schenken?

KRISTIAN

Nimmt eine kleine Tablette aus seiner Hemdtasche.

Verzeih, aber die sollte ich nehmen. Vorher. Jeden Morgen.
Meistens tu ich das sehr diskret. Heute habe ich es vergessen.

ANNA

Besorgt.

Geht es dir nicht gut?

KRISTIAN

Ich habe mich schon lange nicht mehr so wohlgefühlt. Aber
mein Herz hat die Anstrengungen eines nun doch schon langen Lebens nicht so ganz verkraftet. Wollte vor kurzem seiner
Aufgabe, mich am Leben zu erhalten, nicht mehr nachkom-
men. Du weißt ja, es ist nicht mehr so jung, dieses Herz. Nicht
wahr, Anna, das weißt du doch?

ANNA

Kristian! Liebster…

KRISTIAN

Aber dann hat es sich doch mit Hilfe einer gezielten Therapie
davon überzeugen lassen, daß es seine wichtigste Bestimmung noch zu erfüllen hat, dieses Herz: die Liebe zu Anna.

ANNA

Und diese Liebe macht es jetzt wieder gesund. Ganz gesund.
Du wirst sehen –

KRISTIAN

Ja, man wird sehen. Ob es soviel Liebe überhaupt aushalten
kann.

ANNA

Liebster.

4. Bild   189

KRISTIAN

Wir haben uns bei einer Elegie kennengelernt. Das ist ein Klagelied. Im strengen Sinn.

ANNA

Für uns ist sie zum Hohen-Lied geworden.

KRISTIAN

Und so soll es immer bleiben. Hörst du, Anna? Unsere Liebe darf keine Klage nach sich ziehen. Niemals. Versprichst du mir das?

ANNA

Ich verstehe. Ich weiß. Ich verspreche es dir.

HANDY

Meldet sich.

ANNA

Zögert. Schaut Kristian noch einmal lange an. Dann erst meldet sie sich:

Ja. Ja, Reinhart. Dein Vater ist schon da. Warte, ich gebe ihn dir.

KRISTIAN

Begreift. Mit einem Mal weiß er, wer Anna ist. Er versucht sich zu fassen.

Reinhart? Wann kommst du? Ja, ich bin früher eingetroffen. Ich bin einer Ehrung entkommen. Habe mich ihr entzogen. Natürlich. Natürlich hat mich Anna freundlich empfangen. Wie bitte? Nein. Mit dem Zimmer bin ich zufrieden. Alles ist schön hier. Ich bin… ich war… sehr glücklich. Ja, sehr froh. Was sagst du? Wann kommst du? Ach, du bist schon hier. Ja, also dann auf gleich. Ich freue mich. Wirklich.

Legt das Handy weg.

Warum hast du mir nichts gesagt? Anna, du hast es mir nicht gesagt. Der Bergkristall hat ein Geheimnis verborgen, Anna! Was soll ich jetzt sagen, was kann ich jetzt tun?

ANNA

Nichts. Garnichts, Herr Professor Perighi. Sie waren drei Tage

lang außerhalb der meßbar ablaufenden Zeit, drei Tage und...
drei Nächte. Sie haben geträumt. Sie haben von der Wirklichkeit geträumt. Nicht mehr und nicht weniger. Wenn Sie wollen.

KRISTIAN

Anna!

ANNA

Wenn Sie so wollen. Ich habe Sie drei Tage lang verschwiegen. Es trifft Sie keine Schuld. Aber ich werde dich nicht verleugnen. Ich werde mich zu dir bekennen. Wenn du das so
willst.

KRISTIAN

Anna, war d a s nun unsere Wahrhaftigkeit? Ich bin völlig
irritiert. Kann das so schnell nicht fassen. Anna, Anna, was
hast du da getan?

ANNA

Tut es dir leid? Begreif doch, ich hab es dir nicht sagen können.

KRISTIAN

Schweigt.

ANNA

Tut es dir leid, Kristian? Ich habe dich gefragt, ob es dir leid
tut.

KRISTIAN

Zögernd.

Nein. Wie könnte es mir leid tun? Aber es ist dir klar, daß ich
mich in einer unerwarteten Situation befinde. In der ich jetzt
die Orientierung verloren habe. Ich...

ANNA

Ich weiß, es ist schwer für dich. Ich mußte damit rechnen, daß
es schwer für dich sein würde. Aber war es das nicht wert?

Bitte versteh auch mich, ich konnte nicht anders. Wir mußten diese Tage l e b e n .

KRISTIAN

Denkt nach.

Ja, du konntest wohl nicht anders. W i r konnten nicht anders.

ANNA

Schau, ich möchte Reinhart nicht belügen. Ich habe dich auch nicht belogen.

KRISTIAN

Nein. Das hast du nicht.

ANNA

Ich habe doch nur etwas gerettet. Etwas zugelassen. Was sich ereignen m u ß t e . Nirgends, Geliebter, war Welt als innen…»…Ach, in den andern Bezug, wehe, was nimmt man hinüber…«

KRISTIAN

E i n mal, wenn auch nur e i n mal»…die Adern voll Dasein…« gehabt zu haben. Das hatte wohl seinen Preis. Ach, Anna…

ANNA

Da ist keiner zu hoch. Keiner. Hätten wir auf das tiefste Glück unseres Lebens verzichten sollen? Sag doch, Kristian. Sag es doch!

KRISTIAN

Wir dürfen Reinhart nicht verletzen. Ich weiß, wie sehr er dich liebt.

Nachdenklich.

Und das ist auch gut so.

ANNA

Wie meinst du das? Es war nie etwas zwischen ihm und mir.

Wir sind Freunde. Sehr verschiedene Freunde. Aber Freunde.
Er ist ein lieber Mensch. Ich mag ihn. Er hat mir sehr geholfen. Natürlich will ich ihm nicht wehtun. Aber ich möchte
mich auch nicht verstellen müssen.

KRISTIAN

Anna, Anna.

Er schüttelt den Kopf.

Er hat mir von dir erzählt. Aber er hat mir deinen Namen nicht
genannt. Er hat mir nur ganz aufgeregt verkündet: »Vater, ich
habe eine Frau gefunden, eine wunderbare Frau, die ich liebe.
Einen ganz seltenen Menschen. Sie gehörte schon lange zu
meinem Freundeskreis. Jetzt erst bin ich ihr nähergekommen.
Du mußt diese Frau kennenlernen. Ich erzähle dir nichts weiter. Schau sie dir an. Du wirst überrascht sein.«

ANNA

Und das warst du ja dann auch.

KRISTIAN

Vorwurfsvoll.

Anna!

ANNA

Nun, also, war es nicht so?

KRISTIAN

Und dann sagte er noch: »Komm ein paar Tage zu uns ans
Meer.«

ANNA

Und bist du nicht ans Meer gekommen? Ans unendliche
Meer? – Zu mir? –

KRISTIAN

Man hat mir auch im Hotel nichts gesagt. Ich hatte mir
gedacht, daß du mit Reinhart nach Mailand geflogen bist. Wie
sollen wir ihm d a s sagen. Er ist mein Sohn.

ANNA

Ja. Er ist dein Sohn. Es ist schön, daß er dein Sohn sein darf. Aber ich bin Anna, d e i n e Anna. Kannst du mir nicht vergeben?

KRISTIAN

Gedankenverloren.

Vergeben? Ich sollte dir dein Bekenntnis zu unserer Wahrheit vergeben müssen? Das Geschenk deiner Liebe? Ach Anna, m e i n e Anna.

Die Tür geht mit einem Ruck auf. Ein freudestrahlender Reinhart mit einem großen Blumenstrauß in der Hand läuf auf die beiden zu.

REINHART

Es gibt eine Überraschung. Noch verrate ich nichts. Anna, verzeih, wenn ich zuerst meinen Vater begrüße.

Er umarmt ihn, wobei die stechenden Rosen im Wege sind, und er lacht.

Wie gut, daß du da bist. Ich habe dich sehr vermißt. Ich hoffe, es geht dir wieder gut.

Schaut ihn prüfend an.

Ganz gut?

Zu Anna, ihr die Rosen in den Arm legend:

Ich habe eine Überraschung. Bald. Du wirst staunen.

ANNA

Komm. Setz dich mit uns zum Frühstück.

REINHART

Nimmt Platz.

Danke. Ich habe schon gegessen. Aber, wenn ich um eine Tasse Kaffee bitten darf. Warte, ich rufe das Mädchen.

ANNA

Ist nicht nötig. Nimm meine Tasse. Ich bin fertig.

REINHART

Den Honigseim von deinen Lippen! Er wird mir besonders aus deiner Tasse schmecken. Der Kaffee.

Zu Kristian:

Solche Intimitäten gibt es sonst nicht zwischen uns. Zwischen Anna und mir.

ANNA

Reinhart!

REINHART

Ist doch wahr. Ich hab' mich ganz unten in Annas Warteliste eingetragen. Und da sitze ich nun. Klein und geduldig. Das stimmt doch? Man darf doch sagen, was wahr ist.

ANNA

Nicht immer.

REINHART

Habt ihr euch schon ein wenig angefreundet? Das wird gewiß nicht schwer gewesen sein, so wie ich euch kenne.

ANNA

Wir verstehen uns gut.

REINHART

Das war mir klar. Ich bin sehr froh darüber, daß ihr euch gut versteht. Dann kann mir immer e i n e r von euch erklären, was der a n d e r e von euch gerade meint. Als Dolmetscher sozusagen. Falls ich zu schwer von Begriff bin. Da könnt ihr mich dann in die Schule nehmen.

KRISTIAN

Lachend.

Oh, Reinhart…

REINHART

Zu Kristian:

Hab ich dir zuviel erzählt von Anna?

KRISTIAN

Viel zu wenig.

REINHART

Siehst du. Und du, Anna? Wie findest du meinen Vater? Kann ich nicht stolz auf ihn sein?

ANNA

Sehr stolz.

Schnell ablenkend:

Aber erzähl einmal, wie ging es mit dem Geschäft?

REINHART

Alles unterschrieben. Ein Fünfzig-Millionen-Dollar-Projekt. Hier, in der Tasche.

Er zeigt auf seine Jackentasche.

ANNA

Ich gratuliere dir.

Warm.

Das ist sehr schön.

REINHART

Du bist erst gekommen, Vater? Wann?

KRISTIAN

Vor kurzem. Aber es scheint mir, ich bin seit Ewigkeiten hier.

REINHART

Das ist so. Mit Anna. Da existiert die Zeit beinahe nicht.

KRISTIAN

Unbedacht – mit einem bedeutsamen Blick zu Anna, die diesen innig erwidert – langsam:

Nein, mit Anna existiert die Zeit nicht.

REINHART

Läßt die soeben aufgenommene Tasse sinken, verunsichert. Der Blick ist ihm nicht entgangen. Er räuspert sich.

…das freut mich. Ach, Vater, es freut mich so… es freut mich wirklich, daß du das auch so empfindest.

Er schaut fragend zu Anna.

ANNA

Ja. Die Zeit hat eigene, ganz seltsame Qualitäten. Die sie auf uns übertragen kann. Vielschichtig. Mehrdeutig. Unmeßbar. Sie kann alles verändern. Alles zusammenfügen.

REINHART

...die Zeit...

Er nimmt unbewußt die weiße Rose vom Tisch und zieht ihren Duft ein. Alle schweigen.

KRISTIAN

Du sagtest, du hast eine Überraschung. War es der geglückte Abschluß?

REINHART

Überraschung? Ja, eine Überraschung. Ja, ja.

Faßt sich.

Ja, morgen. Habt noch ein wenig Geduld. Ja, der Abschluß war nicht leicht. Ich glaube, es wird heute heiß werden, sehr heiß...

Lydia tritt ein, echauffiert. Eine Dame, wenig älter als Kristian Perighi, exaltiert. Elegant, aber extravagant gekleidet.

LYDIA

Mein Gott, war das eine Anstrengung. Ich bin fertig. Total fertig. Im Grunde war das eine Unverschämtheit. Das Reisebüro hätte einen Flug für mich buchen sollen und hat aus Versehen, wie sie sagen, eine Bahnkarte reserviert. Ich werde mir das nicht bieten lassen. Ganz gewiß nicht.

REINHART

Und Kristian sind aufgestanden.

Guten Tag, Mutter. Beruhige dich erst einmal. Schau, da ist Vater. Und das ist Anna. Eine Freundin.

LYDIA

Flüchtig.

Das ist nett. Acht Stunden mit der Bahn. Ich bin gerädert.

KRISTIAN

Ja, hat man dir denn kein Bett im Schlafwagen gegeben?

LYDIA

Nicht einmal das. Ich werde mich beschweren, wenn ich nach Hause komme. Aber ich habe den Schaffner bestochen. Da war nämlich ein Abteil für einen Politiker reserviert, der dann doch nicht kam. Und das war ziemlich teuer. Mein Gott. Was mache ich mit meinem Gepäck? Ich habe soviel Gepäck. Und soviele Probleme. Ich bin einfach außer mir.

KRISTIAN

Komm, setz dich zu uns. Hast du schon gefrühstückt?

LYDIA

Ja, aber schlecht. Ziemlich primitiv. Im Zug. Vielleicht ein Glas Wasser…oder habt ihr ein Glas Champagner da?
Blickt suchend herum.

KRISTIAN

Ich werde dir eines besorgen.

REINHART

Laß, Vater. Ich hole für Lydia ein Glas Champagner. Wenn es hier soetwas geben sollte.
Geht.

LYDIA

Mein Gott, bin ich durstig. Was habt ihr hier gemacht, die ganze Zeit? Was ist mit dem Geschäft von Reinhart? Hat er das hingekriegt?

KRISTIAN

Ja.

LYDIA

Muß er auch. Wenigstens einer sollte erfolgreich sein in unserer Familie.

Zu Kristian:

Du hattest zwar Erfolg. Großen Erfolg. Aber du hast damit garnichts angefangen. Das heißt, du warst nicht geschäftstüchtig. Viel zu freigebig und bescheiden. Hast alles hergeschenkt. Viel zu kleine Honorare verlangt. Und, ich glaube, die meisten Leute ganz umsonst kuriert.

KRISTIAN

Ganz so, Lydia, war es nicht.

LYDIA

Oh, doch. An deiner Seite mußte man immer sparen. Damals. Weißt du noch die Geschichte mit dem teuren Hut?

KRISTIAN

Es war wohl immer genug da: ein schönes Haus im Park, und ein gefüllter Keller und Speicher.

LYDIA

Das ist wahr. Aber für das Luxusbedürfnis einer Frau hattest du nie allzuviel übrig. Auf Gesellschaften hast du mich nur widerwillig begleitet. Meistens hast du mich sogar alleine dorthin gehen lassen. Mein Gott, ja. Du warst immer so… so… introvertiert. Mit deinen eigenen Gedanken beschäftigt. Hast sowenig Anteil genommen an meiner Welt. An meinen Interessen. Auch an meinem damaligen Freundeskreis. Nun ja, mein Gott, der war ja auch nicht so viel wert. Wie sich später dann herausgestellt hat.

KRISTIAN

Das tut mir leid. Wirklich leid.

LYDIA

Aber sonst ging es mir gut bei dir, wirklich gut. Mein Gott.

Zu Anna:

Sie sind also Reinharts Freundin? Das ist recht. War höchste Zeit, daß der Junge einmal ernst macht. Ich möchte ja noch einen Enkel sehen. Aber wenn ich mich weiterhin so aufregen muß, werde ich sicher die neun Monate nicht mehr überleben.

Undezent:

Und… wann wollt ihr heiraten?

Anna und Kristian schauen sich betreten an.

Ach, ist ja auch egal. Die Ehe als Einrichtung ist sowieso eine Katastrophe. Wenn ich euch erzählen würde, was sich bei mir in der letzten Zeit alles zugetragen hat…

Die beiden machen sich auf eine längere Schilderung gefaßt.

REINHART

Kommt mit vier vollen Gläsern zurück.

Darf ich servieren? Das Mädchen hat bereits seine Freistunde angetreten. Das ist alles, was sie hier haben. Spumante. Aber ich hab' mich mittlerweile schon daran gewöhnt. Weil Anna das luxuriöse Leben verachtet.

LYDIA

Es sei kein später Leonardo. Hat er gesagt. Ja, es sei nicht einmal ein Perugino. Das hat er gesagt.»Vielleicht« Cinque Cento. Man müsse das noch genau untersuchen.

KRISTIAN

Uninteressiert, aber froh, wieder Boden unter den Füßen zu gewinnen.

Wer hat das gesagt?

LYDIA

Natürlich William Asfolter, mein Mann.

KRISTIAN

Ah so.

LYDIA

Das war aber nicht alles, was er gesagt hat. Mein Gott. Er sagte, drei Millionen Dollar für dieses kleine Bild»Ritratto di un Giovanotto« zu verlangen, wo man nicht genau wüßte von wem es eigentlich ist, das sei Betrug. Ja wirklich, das hat er gesagt. Er hat mich also eine Betrügerin genannt. Das ertrage ich nicht. Ich werde mich scheiden lassen.

REINHART

Ganz so wird es wohl doch nicht gewesen sein.

LYDIA

Erbost.

Jetzt bin ich auch noch eine Lügnerin. Mich trifft das Leben
hart.

ANNA

So, gnädige Frau, hat Reinhart das sicher nicht gemeint.

LYDIA

Ach, Kindchen, sie verkennen mich alle! Alle. Und ich habe
das Geld für diesen Leonardo bereits verdisponiert.

DIE DREI

Wie aus einem Munde.

Oh.

KRISTIAN

Reinhart, dann wird dir deine Mutter wohl kein großes Erbe
mehr hinterlassen.

REINHART

Das fürchte ich seit langem.

LYDIA

Seelische Grausamkeit. Es ist wieder einmal seelische
Grausamkeit.

Schaut Kristian an, entschuldigend:

Mein Gott… außer bei dir, Kristian, war es immer seelische
Grausamkeit.

KRISTIAN

Lydia. Ich meine, du ruhst dich jetzt erst einmal ein wenig aus.
Um das Gepäck kümmere ich mich.

LYDIA

Du bist der beste! Ich habe immer gesagt, daß du der beste

warst. Wie blöd von mir, dich wegen eines dahergelaufenen, brasilianischen Multis zu verlassen.

KRISTIAN

Das ist längst vorbei.

LYDIA

Leider. Ich kann mir garnicht vorstellen, daß du mir das nicht nachträgst.

KRISTIAN

Aber das ist ja alles längst vorbei. Es war deine freie Entscheidung.

LYDIA

Du warst der einzige, der zu mir gepaßt hat. Der einzige. Mein Gott. Natürlich hast auch du große Fehler gemacht.

REINHART

Komm, Mutter. Rühr' nicht wieder so alte Geschichten auf. Das interessiert keinen Menschen mehr.

LYDIA

Gut, interessiert nicht mehr.

Gekränkt zu Anna:

Auch Sie nicht? Sie kennen ja meine Geschichte noch garnicht. Eine packende, aber leider tragische Lebensgeschichte. Mein Gott. Soll ich sie Ihnen einmal erzählen?

ANNA

Wenn Sie das gerne wollen...

KRISTIAN

Komm, Lydia. Ich bringe dich jetzt zu deinem Zimmer. Ich will mich bemühen, dir zu helfen. Wir werden dann einmal versuchen, mit William zu sprechen, ihn anzurufen. Reinhart und ich mögen ihn sehr.

LYDIA

Ihr wißt nicht, w i e er ist!

KRISTIAN

Komm, wir bringen das wieder in Ordnung.

LYDIA

Wenn ich dich nicht hätte… Obwohl wir uns so selten sehen. Viel zu selten. Mein Gott.

Sie hebt ihr Glas.

Trinken wir vorher noch wenigstens auf eine glückliche Zukunft für die beiden Kinder.

Kristian, Reinhart und Anna stoßen zögernd mit ihr an. Dann zu Kristian:

Wenn auch uns beiden kein Glück beschieden war auf dieser Erde.

Anna und Reinhart bleiben allein.

ANNA

Reinhart, ich möchte dir etwas sagen. Etwas erklären. Aber ich möchte dir nicht wehtun.

REINHART

Laß, Anna! Das ist nicht nötig. Ich brauche jetzt ein wenig Zeit, um mich mit dieser… um mit diesen… diesem Schock zurechtzukommen. Ich liebe dich. Ich liebe auch ihn. Ich liebe euch alle beide. Daran wird sich nichts ändern.

ANNA

I c h war es…

REINHART

Du mußt mir nichts erklären. Wenn etwas zwingend geschieht, dann muß man nichts erklären. Das erklärt sich von selbst.

ANNA

Reinhart…

REINHART

Ich kann nicht nach Mustern leben. Ich nehme das Leben so wie es ist: praktisch. Ich bin Realist.

ANNA

Du bist traurig.

REINHART

Es wird sich nichts ändern, Anna. Du kannst meiner sicher sein. Ich muß nur damit fertig werden. Das verstehst du doch? Irgendwie habe ich es geahnt. Ich habe geahnt, daß soetwas geschehen könnte. Zwischen ihm und dir. Es konnte nicht anders sein. Aber das soll nichts ändern zwischen uns.

ANNA
Warm.

Ich liebe dich auch.

REINHART
Nimmt ihre Hand und schaut sie fragend an.

Ja. Ein wenig. Vielleicht auch mich.

In diesem Augenblick kommt Kristian zurück. Er bemerkt die Geste. Er lächelt, sichtlich erleichtert.

KRISTIAN

Sie sprechen miteinander, Lydia und William sprechen wieder miteinander. Das ist schon etwas. Das Telephon ist doch nicht eine so schlechte Einrichtung. Es wäre ein Fehler, ein großer Fehler, wenn sie sich jetzt noch – in ihrem Alter – von diesem Mann trennte. Er hat sie nämlich wirklich gern. Darum kann er mit ihrer… nun… mit ihrem Temperament auch zurechtkommen.

REINHART

Man sollte es nicht für möglich halten.

KRISTIAN

Sprich nicht so, Reinhart. Sie ist deine Mutter.

REINHART

Davon habe ich nicht viel erfahren. Fast nichts. Ich weiß nur, daß du mein Vater bist. Mein Vater und mein Freund. Wenn vielleicht auch jetzt manches dagegen sprechen könnte. Aber du hast mich gelehrt, meine Mutter zu ertragen.

KRISTIAN

Ich wollte dir niemals etwas wegnehmen. Glaube mir das. Im Gegenteil. Du bist mein Sohn. Sollte es geschehen sein, vergib mir. Bitte.

REINHART

Wir sollten etwas unternehmen heute. Gemeinsam. Mit dem Boot hinausfahren. Was meint ihr?

Kristian winkt ab.

ANNA

Vielleicht machen wir drei einen Spaziergang am Meer, bevor es wieder zu heiß sein wird.

KRISTIAN

Ich werde heute einmal alleine meine Wege gehen. Ich bin ja nicht mehr allzulange da und möchte die Zeit nützen, gedanklich so manches in Ordnung zu bringen.

Er nimmt eine Tablette.

ANNA

Erhebt sich.

Laß mich mit dir gehen. Bitte…

KRISTIAN

Ein andres Mal. Bleib jetzt bei Reinhart. Er hat dir gewiß noch vieles zu erzählen. Von den Mühen um seinen Erfolg. Er muß sich das alles sicher von der Seele reden.

Zu Reinhart:

Kümmert euch um Lydia. Sie fühlt sich so verlassen. So allein. Kommt mit sich selber nie zurecht. Auch sie will ernstgenommen werden. So wie sie beschaffen ist. In ihrer Art.

ANNA

Wann wirst Du wiederkommen?

KRISTIAN

Ich weiß nicht. Wartet nicht auf mich.

ANNA

Wir kommen Dir später nach.

KRISTIAN

Ja. Ihr kommt mir irgendwann einmal nach. Zum Meer.

Er dehnt das letzte Wort.

Vorhang.

Oder: Unmittelbarer, langsamer Übergang ins nächste Bild, an dem das Publikum teilhat, getragen vom Rauschen des Meeres. Dämmerung und Einbruch der Dunkelheit bis die Sterne am Himmel aufblitzen und der volle Mond erscheint. Siehe Regieanweisungen 5. Bild)

5. Bild

*Hotelterrasse etwas zur Seite gerückt, so daß das Meer einen größeren Raum ein-
nimmt als zuvor. Die Terrasse ist leer. Ohne Tisch und Stühle. Einzig vier
Korbsessel stehen am Rand. Es ist Nacht. Sterne. Vollmond. Das Meer rauscht
leise. Sparsames Licht aus den Kugellampen erhellt die Szene. Anfangs ist die
Bühne ohne Menschen. Dann kommen Reinhart und Anna zurück. Verzagt und nie-
dergeschlagen.*

REINHART

Ich weiß nicht, was wir noch tun könnten. Wir haben den
ganzen Strand abgesucht.

ANNA

Tonlos.

Warten…

REINHART

Warten. Ich habe das Gefühl, ich werde verrückt. Vor Angst.

ANNA

Er hat gesagt: Wartet nicht auf mich.

REINHART

Aber es könnte ihm etwas zugestoßen sein. Es war gegen
Mittag, daß er weggegangen ist. Das sind jetzt beinahe zehn
Stunden.

ANNA

Er hat gesagt: wartet nicht auf mich. Ja, es sind zehn Stunden.
Eine Ewigkeit. Eine furchtbare Ewigkeit.

REINHART

Es war heiß heute. Ziemlich heiß.

ANNA

Vielleicht hat ihn das alles zu sehr mitgenommen. Das ist
meine Schuld.

REINHART

Nein, Anna. Das ist nicht deine Schuld. Du hast ihn glücklich gemacht. Das weiß ich. Er hat in seinem Leben, das heißt in seinem privaten Bereich, bisher nicht allzuviel Glück gehabt. Bitte glaube mir das, Anna. Ich kenne ihn.

ANNA

Er lebt. Er ist so tief in sich lebendig. Er wird immer leben. Was auch sein wird. Er wird immer da sein. Ach, Reinhart...

Sie wirft sich in seine Arme. Er streichelt und beruhigt sie. Anna faßt sich und wischt sich die Augen.

Ich habe versprochen, daß ich stark sein werde. Keine Klage, was auch geschehen mag. Keine Klage.

REINHART

Du bist stark. Ach, Anna, ich m u ß es dir sagen. Es tut mir leid. Es tut mir so unendlich leid.

ANNA

Was mußt du mir sagen?

REINHART

Er ist krank.

ANNA

Ich weiß.

REINHART

Er ist sehr krank. Ich habe in Mailand einen Freund getroffen. Seinen behandelnden Arzt. Er hat mich angerufen, um sich mit mir zu treffen. Er bereitete mich vor, daß wir mit dem Schlimmsten zu rechnen haben.

ANNA

Mit dem Schlimmsten. W u ß t e er das? Ich meine, wußte Kristian, wie es um ihn stand?

REINHART

Erschreckt.

Anna. Um Gotteswillen! Du sagst: w u ß t e er. Nicht: weiß er. Anna.

ANNA

Das war unabsichtlich. Ich habe mich wohl versprochen.

REINHART

Anna.

ANNA

Ich weiß nicht. Ich habe so ein eigenes Gefühl. So, als stünde die Uhr plötzlich still. Wie auf dem Punkt zwischen Einatmen und Ausatmen. Still. Ein Augenblick der Leere. Aber um die Uhr herum braust die Zeit. Ja, so ein Gefühl habe ich.

REINHART

Angstvoll.

Anna. Meinst du, daß es etwas zu bedeuten hat, dieses Gefühl?

ANNA

Ich weiß nicht. Ich kann es nicht sagen. Ich bin so tief mit ihm verbunden. So zeitlos.»…Nirgends wird Welt sein als innen…«.

REINHART

Schüttelt sie leicht.

Anna, du träumst. Werde wach! Laß uns überlegen, was wir noch tun könnten. Wo wir ihn noch suchen sollten.

ANNA

Wir haben alles abgesucht. Alles. Die Fischer, die ihn so mochten, sind hinausgefahren. Die Polizei ist unterwegs mit Hunden. Die Seenot-Hilfe ist zu Wasser und mit Hubschraubern unterwegs. Und Lydia ist mit ihnen gefahren zur kleinen Bucht, in der er so gerne aufs Meer hinausschaute… in der wir so schöne Stunden verbracht haben.

Verzeih, Reinhart. Vielleicht ist er dort geblieben. Er wollte seine Gedanken ordnen, hat er gesagt. Ruhe haben für seine Gedanken. Mußte wohl auch fertigwerden mit den Geschehnissen dieses Tages. Brauchte Zeit. Alleinsein. Das alles hat ihn sehr bewegt. Ja – vielleicht ist er wirklich dort geblieben.

REINHART

Das könnte sein. Das wäre ein Hoffnungsschimmer. Er ist ein Sonderling. Und die Nacht ist so schön. Ja, doch, das wäre möglich.

ANNA
Leise.

Es ist seine Nacht…

REINHART

Was meinst du?

ANNA

Diese Nacht ist nicht dunkel. Der volle Mond steht in ihrer Mitte. Sie ist voll von Sternen.

REINHART
Blickt hinauf.

Ja. Voll von Sternen.

ANNA

Nirgends wird Welt sein als innen. Wir sind voll von Sternen.

REINHART

…als innen? Sag mir, Anna, wo ist »Innen«?

ANNA

Überall da, wo das Leben sich seiner bewußt wird. Ja, vielleicht dort.

REINHART

An soetwas habe ich nie gedacht. Nie vorher.

ANNA

Ich kann es mir nicht anders vorstellen, als daß Gott in der Mitte allen Lebens steht. In der Mitte. Daß e r den Webstuhl hält, über welchen wir die Fäden ziehn, die Muster wirken. Daß e r die Materialien vorgibt und die Farben.

REINHART

Auch das Schreckliche, das hier auf dieser Welt geschieht und seinen Lauf nimmt?

ANNA

Er hat uns die Fäden in die Hand gegeben. Gutes Material und schöne Farben.

REINHART

Aber nicht alle. Ich meine, er hat uns nicht a l l e Fäden in die Hand gegeben.

ANNA

Nein. Nicht alle. Die Kettfäden bleiben von ihm gespannt. Wir können nur unser Schiffchen hin und her bewegen. Aber die Spannung war wohl der Grundgedanke seiner Schöpfung. Die Spannung, aus der alles entsteht. Die Spannung, die uns erhält und trägt. Wir sollten mehr Vertrauen haben. Trotz allem. Trotz Grauen, Schmerz und Verzweiflung. Auch wenn es oft so aussieht, daß mit seiner Gerechtigkeit nicht zu rechnen ist auf dieser Erde.

REINHART

Das hört sich an wie ein Glaubensbekenntnis.

ANNA

Ich weiß nicht, ob ich glaube. Aber ich kann es mir nicht anders denken. Nicht anders.

REINHART

Das sind alte Worte.

ANNA

Sie sind auch immer wieder neu.

REINHART

Keiner konnte sie noch bestätigen.

ANNA

Aber keiner auch je widerlegen.

REINHART

Nein. Das auch nicht.

ANNA

Es ist so viel »Innenraum« in allen Dingen. In den Tieren. In den Menschen. Ein Innenraum, der durch alles hindurchgeht. Aus dem alles, was da ist, atmet.

Erklärend.

Ich habe mit Kristian die Duineser Elegien gelesen. Ich habe viel verstanden. Sehr viel. Durch ihn.

REINHART

Und ich habe von deiner Lektüre nicht einmal Notiz genommen. Lies sie mir vor. Wenn das hier vorbei ist.

ANNA

Man kann sie nicht vorlesen. Man muß sie erleben.

REINHART

Laß uns noch einmal zum Strand gehen. Vielleicht ist er…

LYDIA

Herbeistürzend.

Sie haben ihn gefunden. Da hinten in der kleinen Bucht. Er saß aufrecht an ein Felsenstück gelehnt. Es soll Herzversagen gewesen sein. Hat der Arzt gesagt. Ein akutes Herzversagen. Er sei sofort tot gewesen. Er hätte nicht leiden müssen. Mein Gott. Er saß da und hat gelächelt. So seltsam glücklich gelächelt. Die Augen hinaus aufs Meer gerichtet. Beim Sterben. Mein Gott.

Sie schluchzt.

Wie kann man nur so glücklich aussehen, wenn man stirbt?

REINHART

Erschüttert.

Oh Vater… Vater… ich habe es ja gewußt… aber jetzt ist auf einmal alles ganz anders. Alles anders. Ich kann mir das nicht vorstellen. Sag, Anna…

Er schlägt die Hände vors Gesicht.

ANNA

Schweigt.

REINHART

Tot. Kristian Perighi ist tot. Sag, Anna, kannst du das begreifen?

Alle drei schweigen, man hört nur Lydias Schluchzen.

REINHART

Anna, bitte sag doch etwas.

ANNA

Leise.

Jetzt sind die Bilder zusammengestürzt. Alle Bilder, die wir uns zurechtgerichtet haben. Zusammengestürzt. Keines paßt mehr.

REINHART

So schnell. So unerwartet schnell. Alles anders. Ganz anders.

Dann, wie um sich selbst Trost zuzusprechen:

Aber, wenn er schon von uns weggehen mußte, so hat er wohl den besten Tod erlebt. Nicht wahr, Anna?»Voll aus dem Leben«.

ANNA

Voll aus dem Leben…

LYDIA

Aber etwas Merkwürdiges war dabei. Was sich keiner erklären konnte: er hielt in seiner Hand einen Bergkristall. Sie haben gesagt, es gäbe nirgends in dieser Gegend solche Kristalle. Man wird das untersuchen.

REINHART

    Ich glaube…

Blickt zu Anna.

    …ich glaube, das kann ich aufklären.

ANNA

    Wo haben sie ihn hingebracht?

LYDIA

    Gleich in die Kapelle. Neben der Bucht. Mein Gott, da liegt er jetzt.

REINHART

    Wir werden hingehen. Ich möchte ihn noch einmal sehen.

ANNA

    Wenn deine Mutter sich etwas beruhigt hat.

REINHART

    Ich möchte bei ihm sein.

ANNA

    Du bist bei ihm. Er ist nicht mehr dort, wo du ihn suchst.

LYDIA

    Mein Gott, mein Gott. Ich kann es nicht fassen. Nun habe ich keinen Menschen mehr auf dieser Welt. Keinen einzigen Menschen. N i e m a n d e n !

Sie bricht weinend in sich zusammen.

    Jetzt bin ich ganz verlassen. Total verlassen.

ANNA

Löst sich aus der Starre der Gewißheit und geht zu Lydia. Legt ihr den Arm behütend um die Schultern.

    Sie sind nicht allein. Werden nicht allein sein. Sie haben ja Reinhart. Und Ihren Mann… und mich. Wir alle zusammen werden sehen, daß Ihre Schwierigkeiten wieder in Ordnung gebracht werden. Das ist in Kristians Sinn.

LYDIA

Hält Annas Hand fest und drückt sie auf ihr Gesicht.

Ach Kindchen, Kindchen. Warum ist das Leben nur so schwer?

ANNA

Traurig.

Weil wir nicht damit umgehen können. Wir alle. Nicht mit dem Leben und nicht mit dem Tod.

LYDIA

Warum sind Sie so stark? Sie haben ihn doch auch geliebt. Nicht wahr, Sie haben ihn geliebt?

ANNA

Ja, ich habe ihn geliebt. Und es wird auch nicht aufhören, daß ich ihn liebe. Aber ich weiß, daß wir keinen Anspruch haben. Gar keinen. Weder auf einen Menschen, noch auf die Zeit. Alles ist ein Geschenk. Oder eine Prüfung. Oder beides.

LYDIA

Ja. Kristian war ein Geschenk. Für uns alle. Wo mag er nur jetzt sein? Kann mir einer sagen, wo er jetzt wirklich ist?

REINHART

Mit den Tränen kämpfend.

Ich bin so froh, daß er glücklich war. Die kurze Zeit, die ihm noch in dieser Welt geblieben ist.

Anna geht zu Reinhart und schmiegt sich an ihn.
Zu Anna ganz leise:

Er war es durch dich.

ANNA

Er war es in sich.

REINHART

Ja. Er hat unendlich viel Gutes getan. Auch an mir. Und er hat mich angenommen, so wie ich bin. Anders als er. Er hat das Beste aus mir gemacht. Das Beste, was da zu machen war.

Daß er nur so alleine sterben mußte. Daß nicht einer von uns bei ihm gewesen ist.

ANNA

Er war nicht allein.

REINHART

Sich erinnernd.

Was hat er gesagt, als er wegging, heute mittag?

ANNA

Kommt mir irgendwann einmal nach...

REINHART

...zum Meer. Es klang aber so wie M e h r. Wie Vielmehr. Wie Mehr mit einem »H«.

ANNA

So habe ich das auch gehört.

Sie streicht Reinhart über den Kopf.

Ja. So ist es: unabwendbar. Unabwendbar die Liebe. Unabwendbar der Tod. Damit müssen wir leben.

REINHART

Ja. Ich weiß. Ich weiß das jetzt auch, Anna. Aber hast du eine Erklärung dafür, was das alles hier soll? Auf dieser Welt? Ob das Ganze hier einen Sinn hat? Irgendeinen Sinn?

ANNA

Ich habe keine Erklärung. Keine. Nur eben so ein Gefühl. Tief in mir. Es ist kein vages Gefühl... Eher so etwas wie eine Gewißheit. Daß allem, was wir leben und erleben, eine große Bedeutung zukommt. Trotzdem.

REINHART

Eine Bedeutung...

ANNA

Daß nichts umsonst ist. Nichts. Aber erklären kann ich das

nicht. Das kann niemand. Niemand kann das erklären. Wir
können es nur annehmen.

REINHART

Es sind wohl immer die gleichen Gedanken, die gleichen
Worte, die wir sagen, wenn einer fortgeht von dieser Welt.

ANNA

Die gleichen Worte. Die selben Fragen. Das ist unser Trost.
Die Fragen sind unser Trost, wo wir keine Antwort finden
können.

HANDY

Meldet sich.

REINHART

Ja, bitte? Seid ihr endlich angekommen? So spät. Das war eine
lange Reise. Geht es euch gut? Ich werde euch abholen.
Morgen. Sehr früh. Nein, heute nicht mehr. Heute geht das
nicht. Das ist zu spät. Bleibt über Nacht in dem Hotel, wo ihr
seid. Also, dann bis Morgen. Ich rufe noch einmal an.

ANNA

Was ist?

REINHART

Ach Anna. Das war meine Überraschung.
Meine Überraschung für dich:
Ich bringe dir morgen dein Kind zurück.

Fragend:

...m e i n e n... Sohn?

*Das Licht geht aus. Zuschauerraum und Bühne fallen in Dunkelheit. Sichtbar blei-
ben der volle Mond und die Sterne. Man hört nur das gleichmäßige Rauschen des
Meeres.*

STIMME

Meer. Meer. Unüberschaubares Meer.
Nacht der Stille. Nacht der Finsternis und der Sterne.
Nacht.
Aber d i e Nacht, in welcher der Mond seinen Kreis

vollendet hat.
Dort über dem Meer. Vollendet.
Die Stimme von Kristian ist verklungen.
Erloschen unter dem vollendeten Mond.
Sie lebt im Schweigen der Nacht.
Die Stimme von Kristian hat ihr Lied erfüllt.
Die Stimme von Anna ist verstummt.
Die Stimme von Reinhart ist verstummt.
Die Stimmen von Anna und Reinhart sind verstummt.
Die Stimme von Lydia ist in einem Meer von Tränen
ertrunken.
Stille liegt über dem Meer.
Man hört nur das Rauschen.
Fühlt die Nähe des Meeres. Fühlt seine Wirklichkeit.
Morgen – wird ein neuer Tag aufstehen über dem Meer.
Ein neuer Tag.
Fühlt Eure Wirklichkeit. Tauscht Euch um.
Hört auf das Rauschen.
Füllt Euer Ohr mit dem Rauschen von Gehen und
Wiederkehr.
M e h r t es mit Euren Stimmen.
M e h r t es mit Eurem Schweigen.
Bewahrt es in Euch, das Rauschen.
In ihm liegt die Wahrheit.

Schlußvorhang.

JEDERMANNS VERLASSENSCHAFT

ODER

DER NEUE JEDERMANN

Ein Mystisches Spiel in vier Ebenen

Dichter sein in dürftiger Zeit heißt:
singend auf die Spur der entflohenen
Götter achten. Darum sagt der Dichter
zur Zeit der Weltnacht das Heilige…

Martin Heidegger

FÜR MAX

PERSONEN

JEDERMANN

SVEGLIA, ehemals Jedermanns BUHLSCHAFT

Jedermanns MUTTER

Sveglias AMME

KASPAR, ehemals GUTER GESELL und dessen Tischgesellschaft

TOD als Gefährte

ein GAST

ein FRÄULEIN

Diener

Kinder

ENGEL

KRIEG

ZEITGEIST

FÜRSTIN

WINTER

DÄMONEN der Zerstörung

SCHICKSAL

CHOR DER TOTEN:

1. Spötter
2. Advokat
3. Kanzler
4. Bischof
5. Philosoph
6. Schriftgelehrter
7. Komödiant
1. Fortgeschrittene Tote
2. Ängstliche
3. Königin
4. Rechtschaffene
5. Schöne
6. Nachbarin
7. Mutter (2 Kinder)

ZEIT

Vier JAHRESZEITEN

POLITIKER

WISSENSCHAFTLER

WIRTSCHAFTSKAPITÄN

PHILOSOPH

THEOLOGE

Vier ERZENGEL

Vertreter der

WELTRELIGIONEN

KÖNIG BOIH

Der NEUE JEDERMANN

Alte und leidende Menschen, Seelen ungewünschter Kinder

Eine Fortsetzung

NACH HOFMANNSTHAL

Breite Treppenpyramide (vgl. Hofmannsthals Jedermann-Inszenierungen auf dem Salzburger Domplatz) – in der Mitte und ganz oben zwei ausladende Spiel-Ebenen (Mitte = Diesseits, oben = Jenseits). Verwandlungen mit Hilfe filmischer Projektionen und durch Lichteffekte.

Fanfaren, aber eher fragend; schon bezogen auf die anschließende Handlung.

SPRECHER:

Kommt vor die Bühne.

Der Stimmen, Leut, der sind gar viel,
der Sprachen, Gleichnis und auch Spiel.
Was jedermann hier glauben tut
ist sein Verdammnis, Glück und Gut.
Und das, was ich itzt zeigen kann,
knüpft haargenau ans Alte an.
W i e die Erlösung kann geschehn,
das habt ihr ja zuvor gesehn.
Jedoch liegt hinter diesem Spiel
noch eine Welt mit andrem Ziel.

D i e hier bewegt seit je der Zweifel,
das Schwanken zwischen Gott und Teufel.
Die Abkehr von verborgnen Dingen,
auf daß die irdischen gelingen –
Der Mensch, gottfern und unbescheiden,
kann ja nit Übermut vermeiden.
Nein, immer treibt er's an die Grenzen,
was er nit hat, muß er ergänzen,
und wenn er eine Weisheit fand,
ist er mit Ketten gleich zur Hand.
So überschätzt er meist sein Streben,
sein Eigentum, sein Gut und Geld,
sucht nit den Sinn in diesem Leben
nur was der Eitelkeit gefällt.
Greift ein in dieser Erde Schoß,
läßts nit beim Nötigsten bewenden –
e r will die Macht, sie macht ihn groß
und gierig greift er sie mit Händen.
Doch seine Pflicht, die Gott gebot,
begreift er meist erst vor dem Tod,
da wohl der eine mit Ertrag
auf Gottes Nähe hoffen mag –

der andre aber mit Beschwerden,
will niemals nit erinnert werden.

Was nach dem Sterben könnt geschehn
und was zurückbleibt auf der Erden,
wird heut gezeigt, es zu besehn –
sollt' mancher draus nachdenklich werden.
So wollen wir aus alten Zeiten
das Spiel zur Gegenwart hinleiten.
Drum habet allsamt Achtung Leut,
denn fort läuft die Parabel heut.
Die Pilgerschaft durch andre Leben
des Jedermann soll Zeugnis geben.
Erinnert Euch, verfolgt den Lauf,
bewahrt ihn wohl und merket auf.

Geht ab. Trauermusik erklingt. Auf der Bühne erscheint ein Leichenzug.

CHOR:

Hic potentia mundi tacet,
solum id, quod Deo placet
tangens coelum superat.
Nemo hic sepultus iacet,
nam qui VITAM NOVAM faciet
is regno Dei creat!

Während des Chores bewegt sich rechts auf der Bühne der Leichenzug, finden die Bestattungsfeierlichkeiten für Jedermann statt. In der Mitte die Mutter, umringt von den ehemaligen Tischgesellen des Jedermann und gesetzten Bürgern und Bürgerinnen, geführt vom Guten Gesell. Drei Geistliche, welche den Trauerakt vollziehen.

Von links tritt die Buhlschaft auf mit ihrer Amme – einer alten, gebückten Frau – und bleibt so in Entfernung stehen – ohne von den anderen beachtet oder gar gerufen zu werden. Sie trägt ihr rotes Gewand und einen schwarzen Schleier. Im Hintergrund sieht man – von der Trauergemeinde unbeachtet – den zu weiterem Leben erlösten Jedermann im weißen Gewand, geführt von Werken und Glauben in den Dom hineingehen. Vorn auf der Treppe, rechts vor der Szene in der Kleidung eines Wanderers der Gefährte Tod, der im Lauf der Handlung hin- und hergeht. Nur die Buhlschaft – die Liebende – kann Jedermann sehen.

BUHLSCHAFT:

> Da geht er hin, ich weiß nit wo,
> wohin sein Seel mir erst entfloh,
> sein Lieb, sein Geist und heitrer Sinn,
> seh nur, daß ich verlassen bin.
> War doch mein Buhl, der allerbest!
> Man sagt, der Himmel hab erlöst
> ihn, den die Welt so freudig band,
> der sich auf Tand und Spiel verstand.
> Macht er doch just nach Gottes Plan
> Welt und Gesind sich untertan,
> und setzte ein Geschick und Kraft
> für alles, was Vermehrung schafft.
> Schöpft sich aus Flur und Wäldern reich,
> sein Schatztruh' wuchs des Königs gleich.

Unter der Trauerzeremonie wird Jedermanns sterbliche Hülle in die Erde gesenkt.

BUHLSCHAFT:

> War orts und fern hoch angesehn,
> wie konnt sein Hingehn nur geschehn?
> Ließ Pracht und irdisch Werk zurück,
> sein Hof und Tag, sein wachsend Glück.
> War alls ihm wohl doch nur geliehn?
> Sag, Amme, nur, wo ist er hin?
> Wo ist sein Mund, der glühend trunken
> sooft in meinem tief versunken?
> Wo seine Näh, sein brausend Blut,
> wo ist sein Lieb, mein höchstes Gut?
> Kann denn, was stark ist, so verderben
> und ohne Rückkehr tödlich sterben?

Amme streichelt tröstend ihre Hand.

> Aus Furcht wandt ich mich schmählich ab
> und seh jetzt nur das dunkle Grab,
> die Grube nur – wie leere Nacht…

> Wer ist der Tod, der dies vollbracht?
> Wer, der zerstört sein weiß Gebein,
> sein Anmut und sein menschlich Sein?
> Wer, der verwest sein Angesicht,
> den trauten Mund, der nimmer spricht?

Der Gefährte Tod wandert langsam von der rechten Seite nach links und verweilt vor der Szene.

Wer ist er, der stets mit uns reist,
getreulich unsre Straß umkreist
und erst beim letzten Pulsesschlag
erkenntlich wird am dunklen Tag
und endlich preisgibt, wie er heißt?
Wer ist er? Sag mir, Amme, sag!

Der Gefährte Tod bedeutet Schweigen, indem er die Hand auf seinen Mund legt.

AMME:

Schau, Kind, weiß nit um Tod und Zeit
und bin doch bald zur Reis bereit,
welchselbst mich zu der Wahrheit führt,
die ich hier nimmer aufgespürt.
Konnt vieles wohl nie recht verstehn,
gehorchte dem, was mir befohlen,
wo ich den Sinn nit konnte sehn,
da ging ich geistlich Beistand holen.

BUHLSCHAFT:

Warum auf Erd sich leiblich finden
und sich doch nit hier dürfen binden
an Leib und Schönheit allzumal?
Sind wir verdammt zu Schmerz und Qual?
In Hoffnung und Empfänglichkeit
wird uns die Knosp jäh aufgerissen,
und unversehns Vergänglichkeit
dringt uns ins zehrende Gewissen.

AMME:

Bist mir, mein Kind, so tief bewußt,
nährt dich schon an der Mutterbrust.
Doch denkt dir, wie ich unbestellt
und unbedankt vor Übermut und stolzen Sinnen
dich warnte vor der eitlen Welt,
und konnt dein Ohr doch nit gewinnen!

BUHLSCHAFT:

Ach, jeder spricht von böser Schuld,
wo Leben blüht und Glück und Huld,
wo man sich freut und fröhlich liebt,
sich aufgetan ans Leben gibt.
Mag Sünd sein, wenn des Lebens Lehr
dem Leben s e l b s t zugute wär?
S heißt: wer sich windt den Blumenkranz,
sich fröhlich wiegt im heitren Tanz,
ist schon ob seiner Freude schlecht,
denn nur Entbehrung wär ihm recht!

AMME:

Begütigend.

Vermagst du jenes Glück zu nennen,
was äußren Tandes gern entbehrt,
und fühlst von ganzer Seel dich brennen,
so bist du auch des Glückes wert!
Wer sich verschließt dem Himmelszelt,
besäß er auch die halbe Welt,
so kennt er doch die andre nicht
wie auch des Mondes Angesicht…
Verstohlen und doch neugierig gehen die Blicke der Trauergemeinde herüber.

BUHLSCHAFT:

Kann wohl dein Sagen kaum verstehn,
ich seh mich hier nur schutzlos gehn,
der, dem ich mich befohlen hab,
liegt stumm dort in dem finstren Grab.

AMME:

War dir doch Jedermann bekannt,
wie er im weltlich Stande schon
begierig griff nach irdisch Lohn,
nicht seine Pflicht und Weg verstand.
Wenn er auch letzt Erlösung fand,
hat er doch nit am Dom gebaut
und nur durch Gnade Gott geschaut.

BUHLSCHAFT:

Nachdenklich.

So darf der Mensch, der hier versagt
und in der letzten Stund erst fragt
nach Glauben, Werken und Gesetzen,
doch noch getrost hinübersetzen?
Ist der, der sich aus ANGST bekehrt,
auch frömmlich der Erlösung wert?
Weiß nit, wie's Gott wohl mit uns meint,
fühl nur, daß meine Seele weint.

AMME:

Legt den Arm um sie.

Mich rührt dein Jammer allzusehr,
will mit dir gehn und mit dir klagen,
doch fällt auf deine ernsten Fragen
die Antwort leidiglich mir schwer.
Die Wahrheit sich in Rätseln spart,
kann Gottes Ratschluß nit ergründen,
hab nur gelernt vom Fluch der Sünden,
den jeder Frevler dann erfährt,
wenn er sich ernstlich nit bekehrt.

Glocke beginnt zu läuten. Trauergruppe löst sich langsam auf; die Bürgersfrauen kopfschüttelnd mit Blick auf Buhlschaft. Zurück bleiben nur die Mutter und Kaspar, der Gute Gesell, im Gespräch.

BUHLSCHAFT:

Bin wohl zu jung, dein Wort zu deuten,
zu hoch ists, wie das Glockenläuten,
zu fremd, wie oft ichs auch vernommen,
zu streng, um mir ins Herz zu kommen.

MUTTER:

Zu Kaspar:

Sorg du dafür, daß, wer verwandt
und des begehrt die offne Hand,
sich seines Teils befriedigt seh.

Mir ist schon recht vom Herzen weh,
was überdies geschehen sollt!
Drum bitt ich Euch, so Ihr nur wollt,
nach meines Sohnes bittrem Sterben
zunächst Besitz und Gut zu erben,
nach bestem Rat und Dafürhalten
das Nachgelassne zu verwalten.

KASPAR:

Bin Eurem Wunsche stets zur Stell,
war Jedermanns vertrauter Gsell,
der treu zu seiner Seite saß,
als er noch lebt im Übermaß.

MUTTER:

Nur sei verliehen Euch dies Amt,
auf daß, was alls von Gott herstammt,
am End der Kirchen werd zu eigen.
So mögt Ihr Eure Demut zeigen,
wenn jenes Gut, das Ihr bestellt,
derletzt ins geistlich Wesen fällt.
So will, wie itzt die Ding noch laufen,
die Seligkeit ich mir erkaufen.
Drum Gott befohlen, will mich fassen!

KASPAR:

Ihr könnt Euch wohl auf mich verlassen,
könnt trösten Euch und frisch genesen,
ich unterdessen lenk das Wesen…

MUTTER:

Nur eins noch, Ihr sollt Euch der Armen
mit freien Händen stets erbarmen.

KASPAR:

Tragt keine Sorg, ich schaff mit Macht,
was überhöht des Erbes Pracht.
Eintreiben will ich, wie's gebührt,
wenn i c h den Haushalt erst geführt
wird sich der Reichtum noch vermehren

Macht eine Verbeugung.

der Mutter und dem Freund zu Ehren.

MUTTER:

So nehm ich Euch an Sohnes Statt,
daß alls nun eine Richtung hat.

*Buhlschaft nähert sich langsam und bleibt zuerst kurz zwischen Amme und Mutter
stehen. Dann geht sie auf die Mutter zu. Die Mutter wendet sich ab.*

BUHLSCHAFT:

Senkt den Kopf.

Ach Mutter, bitt gar, auf ein Wort,
wendet Euch nit und geht nit fort!

MUTTER:

Unwillig.

Warst meines Sohnes übler Geist,
durch dich ging seine Seel verwaist
in Irr und tagverschwendisch Sinn,
weißt wohl, daß ich dir feindlich bin.

BUHLSCHAFT:

Wie, edle Frau, Ihr nur so denkt!
Ich hab mein Jugend ihm geschenkt,
der Sonne Leuchten, Sternennacht,
hab Herzensfrohheit ihm gebracht.

MUTTER:

Dachtest wohl nie an künftig Leid,
verliebt in Tand und Goldgeschmeid?
Hab nit zum Reden lang Geduld,
auch mangelt mir für dich die Huld.
Hättst eher sollen dich versehn,
tätst mir hier nit im Wege stehn.

BUHLSCHAFT:

So wahr es einen Himmel gibt,
hab i c h nur ihn wie Ihr geliebt.

MUTTER:

Schweig nur fein still – in Stadt und Land
war euer Buhlschaft eine Schand,
und euer gottlos Tun und Treiben –

BUHLSCHAFT:

Flehend.

Laßt mich bekümmert so nit bleiben,
hätt doch ein Etwas noch zu sagen –

MUTTER:

Verärgert.

Ach, laß mich gehn und tu nit plagen,
hab fortan nichts mit dir zu Wort,
bereu die Sünd und mach dich fort!

BUHLSCHAFT:

Verzweifelt. Fällt vor ihr auf die Knie. Kaspar zeigt sich peinlich berührt und geht ab.

Mutter! Seid Ihr nit auch ein Weib?
Es wächst etwas in meinem Leib,
das möcht zu spätem Glück Euch frommen,
von Eurem Sohne überkommen!

MUTTER:

Du hast ihn in den Pfuhl gerissen,
von deinem Leib will ich nichts wissen,
und es verlangt mein christlich Ehr,
daß ich mich endlich von dir kehr.

BUHLSCHAFT:

Ach, Mutter, laßt mich nit verderben!

MUTTER:

So bald schon hat er müssen sterben.
Hättst du ihn nit zu guter Zeit
verhext mit Spiel und Lustbarkeit,
ein ehrbar Weib und ehlich Zucht
hätt er statt Wollust sich gesucht.
Genug ist nun, mach dich davon,

empfang verdient des Frevels Lohn!
Für alles, was dich schmückt und putzt,
hast du den Sohn mir ausgenutzt.

BUHLSCHAFT:

War leicht Gemüt Gespiele mein,
sind Herz doch und Gedanken rein.
Floß glühend Jungsein durch mein Blut,
so war ich Eurem Sohn doch gut.
Verschenkt ihm alls, was ich erwarb,
als Vater mir und Mutter starb.

MUTTER:

Laß es nur ja damit bewenden…

BUHLSCHAFT:

Ich steh nun da mit leeren Händen,
und was sich rührt in meinem Schoß,
ohn Euch wirds werden arm und bloß.

MUTTER:

Wer lange Zeit nur scherzt und lacht
und hat darüber nit bedacht,
was könnt aus seinem Leichtsinn werden,
verdient sich nit das Heil auf Erden,
geschweige denn in Ewigkeit!

BUHLSCHAFT:

Wart Ihr nit jung zu Eurer Zeit,
da Euer Atem rascher ging,
wenn sich der Mond im Baum verfing
und süßer Traum durchzog die Nacht?
Habt Ihr da wohl an Sünd gedacht –
als Eure Sehnsucht sanft und schwer
Euch wiegte in der Liebe Meer?
Wart Ihr wohl immer auf der Flucht,
wenn Euch das Leben heimgesucht?

MUTTER:

Was gehts dich an? Trag deine Last
und suche den, der zu dir paßt.

Wendet sich ab; im Gehen:

Ich will mein christlich Teil verehren
und nimmermehr mit dir verkehren.

BUHLSCHAFT:

Bedenkt Euch doch, in Gottes Namen!

MUTTER:

Wer weiß, ists meines Sohnes Samen,
der dir die freche Stirn nun beugt?
Hat e r den Balg in dir gezeugt?
Da ihr euch eher nit versaht,
geb ich dir nur den einen Rat:
Es gibt da eine weise Frau…
die hilft geheim und doch genau –

BUHLSCHAFT:

Und Jedermann, der mich umfing
und in das Himmelreich einging,
hat mich gebraucht zu seinen Tagen
und doch für mich nit Sorg getragen.
Ich durft die Lebensgier ihm stillen,
den Hunger ihm mit Liebe füllen –
und der mich führen hätt gekonnt,
hat sich in meinem Glanz gesonnt
und nie an Weiters je gedacht,
an Bitternis und Todesnacht.

Verrauscht ist nun verpraßte Lust,
und was versäumt, ist mir bewußt.
Doch da ich nie mir was erbat,
trifft's mich itzt schwerer als Verrat.

MUTTER:

So wie nun auch! S ist deine Sach,
ich bin derweilen alt und schwach!

Hab Hof und Pfründ schon übergeben,
will widmen mich dem frommen Leben.

Ruft Kaspar.

Kommt, Kaspar, bin nit wohl bei Kräften,
gehn wir nun nach den Rechtsgeschäften.

BUHLSCHAFT:

Und Jedermanns geheiligt Pfand?

MUTTER:

Entschlossen.

Wird niemals nit nach ihm benannt!

Geht ab mit Kaspar. Buhlschaft bleibt reglos in der Mitte stehen.

BUHLSCHAFT:

Sie nennt sich Mutter, hat geboren,
und doch vom Sein und Leben nichts gewußt,
auch jetzt, da sie den Sohn verloren,
versteinert sie noch mehr die Brust.

Weint an der Schulter der Amme.

AMME:

Streichelt sie.

Durft Mutter sein, doch nur dem einen,
an ihrem Herzen reifte nicht die Welt,
sie kann wohl keine Träne weinen
um den, der fremd aus fremdem Schoße fällt.

Kaspar kommt zurück.

KASPAR:

Hör, Täubchen, nur noch auf ein Wort!
Ich werd dir helfen, dich zu fassen,
sei gut und schick die Amme fort!

Amme will sich lösen, Buhlschaft hält sie aber fest.

Nein, nein, du sollst sie gehen lassen!

*Amme geht ab. Buhlschaft versucht, die Tränen zu trocknen und bemüht sich um
Haltung.*

Du weißt ja, daß mein stiller Blick
seit je mit Lust und Wollen auf dir ruhte,
sah mich oft leid an deines Buhlen Glück,
doch kommt es jetzt mir endlich noch zugute.
Sah dich grad vor der Mutter stehn,
je nun, die Frau hat ihre Grillen,
am besten heuchelt man Verstehn
und überläßt sie ihrem Willen.

Buhlschaft wendet sich von ihm ab.

Laß sein und gräm dich nimmermehr –
und was dahin, hab sein Bewenden!
Nimm doch die Ding nit gar so schwer!
Ich könnt dein elend Los beenden,

Tritt näher an sie heran.

wirfst du nur deiner Schönheit Schein
auf mich mit ihrem güldnen Schimmer,
es sollte wohl dein Schad nit sein…
liebkost du mich auf jetzt und immer.

BUHLSCHAFT:

Stößt ihn zurück.

Ah! Sags aufs neu, daß ich mir traue –
dein treulos Tun so ganz durchschaue!
Noch ists nicht dunkel, hat die Nacht
nicht jenen Unheilstag verschlungen,
da man mein Lieb zu Grab gebracht,
nachdem er mit dem Tod gerungen…

KASPAR:

Beruhig dich doch! Es war ein Scherz.
Unzeitig, hab den Spaß verdorben…

BUHLSCHAFT:

Hörst nicht, mein Liebster ist gestorben,
und du schlägst mir ins kranke Herz!
Verhöhnst mich über meinen Gram…

KASPAR:

Und w e r wars, der jetzt zu dir kam,
da all die andern dich verließen
und üble Zukunft dir verhießen?
Begreif! Vorbei ist nun das Spiel
und übrig bleibt für dich nit viel.
Dein Sonnenweg hat sich gescheitelt,
dein heiter prahlend Glück vereitelt.
Mußt Unvermögen eingestehn,
dein stürzend Gunst genau besehn.

*Buhlschaft schlägt verzweifelt die Hände vors Gesicht. Kaspar beruhigend – den
Reimsinn umkehrend:*

Gemach, denn ich will zu dir stehn,
dich froh an meinem Tische sehn,
solang ich Augen hab und mag,
vertreibst du mir mit Lust den Tag.

Buhlschaft wehrt ab.

Du kannst es ja in Ruh bedenken,
ob du an mich dich wollest schenken.
Doch bleibt dir leider nit viel Zeit
ob Armut und Bedürftigkeit.
Nun schick ich mich, s steht viel zu hoffen,
mein Haus und Tür sind für dich offen!

Verneigt sich spöttisch vor ihr und geht ab.

BUHLSCHAFT:

Tonlos.

Da denkt man nicht, man könne fehlen,
lernt Absehbares aufzuzählen
und rechnet mit dem Zufall nicht –
doch plötzlich kann die Ohnmacht quälen,
läßt keinen Ausweg, arme Seelen
vergehn in Ketten, die niemand zerbricht.

*Langsam nimmt sie ihren schwarzen Schleier vom Kopf, betrachtet ihn und läßt
ihn leise zu Boden gleiten. Sie steht unbeweglich, dann öffnet sie ihr langes Haar.
Spielende Kinder kommen singend, umspringen sie und reißen sie tanzend mit.*

KINDER:

Rosen blühn schon statt der Veilchen,
tanz, tanz, tanz ein kleines Weilchen
und dann pflück dir deinen Strauß!
Hörst du nicht das Buntgefieder?
Himmelsblau weht durch die Lieder,
keiner bleibt heut mehr zu Haus.

Im Hintergrund – Mitte der Bühne – erscheint, auf einen blassen Schleier proji-ziert, die Vision des Abendmahls (vielleicht Leonardo's »Cenacolo«), begleitet von leiser, inniger Musik. Blüht auf und fällt in sich zusammen. Zugleich wechselt die Musik in fröhlich-festliche Tafelmusik und die Szenerie geht unmittelbar über in jene von Jedermanns Tischgesellschaft. Ähnlichkeit und Kontrast werden offenbar. Die Tafel ist noch üppiger als zuvor. An Jedermanns Stelle sitzt Kaspar in über-trieben prachtvollem Gewand. Der Platz der Buhlschaft neben ihm ist leer. Man scherzt und plaudert ausgelassen.

Mit dem Erscheinen der Tafel erhebt sich besorgt der Gefährte Tod, der bis dahin aufmerksam alle Szenen und Auftritte beobachtet hat.

KASPAR:

Seid mir willkommen, liebe Gäst!
Alls ist bereit aufs Schönst und Best.
Singt, tanzt und horcht auf die Schalmein,
letzt euch an Speisen, trinkt vom Wein.
Wenn ihr euch den zur Brust genommen,
wird Freud und Lieb euch überkommen.
Laßt fahren hin Genügsamkeit,
denn heut bricht an ein fröhlich Zeit!
Und Opfer, die der Kirchen frommen,
die sollen auf euch überkommen.

Alle lachen.

GAST:

Ist doch der Reichtum nit gering,
der erst auf dein Teil überging…

FRÄULEIN:

Wahr ists, denn mehr als du konntst hoffen,
hat dich ein glücklich Los getroffen.

KASPAR:

So gönnt dem Jedermann sein Ruh,
genießt und greift nur reichlich zu!

GAST:

Lachend.

Hast wieder heut zu Lust und Prassen
dein Weib nit mit zum Tisch gelassen?

KASPAR:

Ärgerlich.

Schaut sie derweil auf Haus und Gsind,
sorgt für die Wirtschaft und fürs Kind,
auch täts mich voll Beschwer verdrießen,
möcht sie mich in die Eh' einschließen.
Nit angenehm wärs mir, bei Ehr,
wenn sie grad itzt zugegen wär,
wo ich doch heut mit nichts gespart
und noch auf was Besondres wart...

Buhlschaft erscheint. Alle Augen sind auf sie gerichtet. Verstörtes Schweigen.

Da geht er auf, mein Abendstern!
Auch sie nehm ich von ihrem Herrn.
Bist, Freundin mit den blassen Wangen,
in m e i n Besitztum übergangen.

Buhlschaft dreht angewidert den Kopf weg.

Komm, wo du sonst am Tisch gesessen –
gewiß hast du noch nit gegessen.

Buhlschaft zögert. Dann kommt sie doch näher.

Zierst dich? Kannst dich nit unterwinden,
den angemeßnen Platz zu finden?

Geht ihr entgegen und führt sie zum leergebliebenen Stuhl.

Schau nur, wie ich so an dich denk,
hab eine Gabe, ein Geschenk.
Dein Liebreiz scheint heut doppelt schön,
will ihn mit Schmuck noch überhöhn.

Zwei Diener bringen einen schweren, kostbaren Mantel, der über und über mit Edelsteinen besetzt ist. Kaspar legt ihn ihr um die Schultern und bedeutet ihr, sie möge sich doch an die Tafel setzen. Sie steht unbeweglich, wie versteinert.

Freut dich denn nit dein neues Kleid
und kostbar Tand, Perl und Geschmeid?

In diesem Augenblick kommt Jedermanns Mutter herzu. Sie ist übermäßig aufgebracht.

MUTTER:

Was treibt ihr hier? Ich mags nit glauben,
ihr konntet all mein Gut mir rauben!
Praßt und vertut mit frechem Sinn,
was ich zur Pfleg euch nur gab hin.
Faß ichs doch nit mit meinem Hirn,
daß ihr so gottlos habt die Stirn...

KASPAR:

Durch e u r e n Schritt hab ich mir's Recht erworben,
von euch erhielt ich alle Macht,
weil euch der Erbe war verdorben,
hab i c h 's halt itzt zum Herrn gebracht!
Schickt euch hinweg auf eure Tag,
weil ich euch nimmer sehen mag.

*Mutter verläßt getroffen die Szene. Buhlschaft erschüttert, rührt sich noch nicht.
Dann geht sie aus dem Umhang heraus, der am Tisch stehen bleibt wie eine Larve.
Sie eilt zur Mitte der Bühne, die Hände vors Gesicht geschlagen. Mit einem Mal
versinkt die ganze Tischgesellschaft.*

*Jedermanns Buhlschaft (Sveglia) steht allein auf der leeren Bühne. Langsam streift
sie das rote Buhlschaftsgewand von den Schultern. Sie trägt darunter ein einfaches, hautfarbenes, dünnes Kleid. Gleichsam nackt und verlassen steht sie in der
Welt und vor ihrem Schöpfer. Durch Leid hat sie zu ihrem Namen und zu einer
neuen Sprache gefunden.*

SVEGLIA:

Enttäuscht, verzweifelt und verlassen. Ungeborgen.
Den armen Leib vom Leid zerquält.
Nicht Ausweg sehend, fast entseelt
und doch so hiesig durch die Sorgen.

Niemand, dem's wert wär, mich zu schützen!
Keiner, der meinen Kummer teilt,
die Trauer lindert, mit mir weilt,
mir seine Hand leiht, mich zu stützen.

Und so auch Du nicht? Wegbereiter?
Der Du mich hältst in dieser Welt?
Siehst Du nicht Dein Geschöpf, das fällt?
Hör! Ich zerbreche, kann nicht weiter!

Fällt weinend zur Erde.

W O bist Du, Gott?
Du Herr und Vater! Vielbenannter!
Du Oftgerufener und Unbekannter,
den man als Kind mich schon gelehrt.
Wo bist Du, ferner Welterhalter,
Du fremder Geist und Umgestalter,
von dem ich aus der Schrift gehört?

Dem ich mich hingab, Sehnsucht klagte,
dem ich mein Glück zu nennen wagte,
den ich empfand wie eine Braut.
Dich, den ich warm im Blute spürte
und glaubte, daß er meine Schritte führte
so weise, liebend und vertraut?

Wo bist Du j e t z t ?
Was ist Dein Name, Unsichtbarer?
Zerstörer, Schöpfer und Bewahrer?
Hab ich ein Wort, das Dich erreicht?
Geheimnisvoller, Ungehörter,
Allmächtiger, Sehnsuchtsbegehrter!
Ist mein Bekenntnis falsch – vielleicht –

vermessen, bildhaft Dich zu finden,
und dann in Wortsgestalt zu binden,
so daß Du faßbar Dich mir zeigst?
Um Dich zu deuten, zu ergründen,
Dich festzulegen, zu verkünden,
obgleich Du Leiser ewig schweigst.

Wo bist Du, Gott? Sieh doch: ich lebe!
Und außer Dir ist keine Kraft,
die mich erhält und trägt.
Wenn flehend ich die Hände hebe,
Dir im Gebet die höchsten Namen gebe.
Wo bist Du, der mich wieder neu erschafft?

Wo sind auch sie, die heil'gen Seelen,
die sich verbraucht zu ihrer Zeit

des Hierseins, leiblich irdisch sich zu quälen,
sind sie nun fern wie Du?... Wer kann erzählen
von i h r e r Heimat, Ewigkeit?

Wo seid ihr, Mutter, Vater, all die andern?
Ihr Hingegangenen? Wo ist die Stadt,
das Ziel, zu dem wir alle wandern?
Nennt mir, was keinen Namen hat!

War ich aus eurem Dasein nicht erfunden,
die ihr mich aus der Nacht bestellt,
und mich ins Leben zeugtet, in die Welt –
bin ich in Liebe nicht euch noch verbunden?
Auch jetzt, da alle Wiederliebe Spott,
und ihr mir jeder Frage Antwort schuldet.
Wo seid ihr denn? Seid ihr bei Gott?
Und ist's genug schon, daß Er Fragen d u l d e t ?

Habt ihr nicht a l l e mich verlassen,
die ihr mich rieft? Die ihr mit Bildung mich belehrt
und mich umsorgt, getragen und genährt –
wo seid ihr? Ich kann euch nicht fassen.
Wo ist der Gott, den ich verehrt?

War meine Schuld so groß, daß ich nun büße –
wog allzu schwer der Jugend Leichtigkeit?
Nackt ist mein enges Seelenkleid –
wie soll ich gehn? Der Weg ist weit,
und ohne Schuh sind meine Füße.

Zögert, nachdenklich ; Tod weicht abwehrend zurück.

Sollt... ich... euch nachgehn, und d e n Weg mir wählen,
den zu vermeiden euch nicht zu entscheiden war –
wollt ihr mich schon, entschlafne Seelen?
Sollt ich beenden meine Jahr?

*Tod führt die Amme und Jedermanns Mutter zu ihr und gibt ihr Schuhe; erschrickt
selbst.*

O nein! Noch ist nicht meines Bleibens Ende!
Ein neues Werden legt das Wunder bloß,
und schwache Hoffnung auf des Schicksals Wende
keimst Du nun, Gott, in meinem Schoß.

Was ist die Welt mit ihren Sünden?
Sie trägt die Maske über dem Gesicht

und beugt Dein Recht mit eigenem Gericht,
doch kann sie das Vergängliche nicht binden.
Wo Du auch sein magst, Gott! Höre den Namen,
den ich vermag, Dich anzuflehn.
Sei mir barmherzig! Hilf mir gehn!
Geheiligt sei Dein Wille! Amen.

Die Amme hebt das alte Buhlschaftskleid auf und nimmt es mit. Sveglia legt die Arme um die Schultern der beiden Alten und führt sie über die Mitte der Bühne hinaus. Der Tod folgt in großem Abstand zögernd. Dort, wo die drei Frauen verschwunden sind, streckt er – mit dem Rücken noch immer zum Publikum – die Arme geschlossen hoch. Dann malt er mit den gestreckten Armen einen unsichtbaren Halbkreis bis zu seiner Körperhälfte, aus dem ein Regenbogen zu leuchten beginnt. Langsam rückwärts gehend holt er mit herziehender Handgebärde durch den Regenbogen die verstorbenen Seelen aus dem Totenreich. Ihnen voran das Schicksal. Sie gehen schwer. Wollen nicht zurück, mühsam ist ihnen die Welt...

DIE TOTEN:

Was führst du uns,
Schicksal,
immer erneut
zur Grenze zurück!
Wir haben bereut.

Was wir verschwendet,
bleibt unbeendet
und ungeweiht
in verlorener Zeit.

Hol uns nicht,
Tod,
zurück in die Zeit!
Nicht in gebundene Wirklichkeit!
Verschone uns,
Leben,
mit deinem Kleid
blütenvergänglicher Heiterkeit!

Noch sind wir nicht,
Herr,
zu Neuem bereit,
noch nicht geläutert, zuwenig gescheit,

zu sehr noch behaftet
mit irdischem Leid
nach dem Sturz aus dem Abgrund
der Endlichkeit.
O, nicht in die Zeit,
nicht rückwärts in Zeit!
Vergangenes lastet noch,
ist nicht befreit.
Bewußtsein braucht Stille,
so lautet der Wille,
Bewußtsein braucht Stille
der Ewigkeit.

SCHICKSAL:

Nicht entfaltet. In ihrem Leben hat sich das Bewußtsein nicht
entfaltet. Noch ist die Krankheit dieser Seelen nicht geheilt.
Wir werden uns gedulden müssen. Geduld ist das Geheimnis
der Entwicklung. Sie leiden noch an den Wunden der Kränkung, die sie sich selbst und anderen zugefügt haben. Noch
immer hängen sie an ihrer Welt.

TOD:

Wie lange wird es wieder dauern, bis sie ihre Freiheit spüren?

SCHICKSAL:

Wie immer.
Solang sie mich nicht loslassen, werde ich sie führen müssen.
Sie sind so unselbständig. Zu sehr noch gewöhnt, mir die
Schuld zu geben für ihren Lebensweg, der sie nicht dorthin
geführt hat, wo sie hinwollten. Nach Wissen haben sie
gestrebt, nicht nach Bewußtsein. Solang sie noch an das Ver-
lebte so gebunden sind, an die Personen, die sie einmal waren,
werden sie abhängig bleiben und schwer…

TOD:

…nicht steigen können. Sich nicht heben wie die Insich-
erfüllten.

SCHICKSAL:

Die Schwerkraft ihrer Klagen hält sie zurück. Erlöste, die sich nicht zu lösen vermögen.

TOD:

Sie hatten ihre eigene beladene Vorstellung vom Totsein. Sie ist mit ihnen gegangen. Sie hängen noch an ihren Vorstellungen. Sie meinten immerzu, sie müßten etwas davon überliefern. Auch jetzt und hier in dieser Zwischenwelt der Nicht-Verantwortlichkeit empfinden sie noch keine Erleichterung.

DIE TOTEN:

Wie ist es möglich,
daß Gott uns verzeiht!
Wir trauern um unsre vergeudete Zeit,
vertan, nicht genützt
und nun schon soweit
zerfällt die
lebendige Wirklichkeit.

SCHICKSAL:

Die hier kommen aus Jahrhunderten zusammen. Langsame und Fortgeschrittene. Noch immer hält sie ihre alte Welt zurück. Manche bleiben lange hier… Sie waren Einheimische ohne Heimat. Grundbesitzer ohne Grund. Lebensmakler ohne Leben. Sie kannten einander nicht und hatten doch eines gemeinsam: die Verknotung ihrer Gedanken.

Wenn sie nur fühlten, daß sie ohne Füße gehen können! Daß sich ihr Bewußtsein auch jetzt noch entwickeln kann. So aber schleppen sie sich dahin, erschöpft von ihren überfüllten, unerfüllten Leben. Hingegeben noch ganz und gar an die Erinnerung ihrer Hinfälligkeit, ihrer Enttäuschungen und Verluste. Im Angesicht ihrer Vergänglichkeit erfanden sie für ihr Unvermögen das Wort: Tragödie.

TOD:

Das Worterfinden hat sie so erschöpft. Sie hatten viel zuviel Worte zur Verfügung, um das noch ausdrücken zu können, was sie wirklich meinten, oder wollten. Die Auswahl aus der Vielzahl ihrer Vokabeln verursachte ihnen Unsicherheit und

Mißverständnis. Verwirrt sind sie, erschöpft und müde. Noch immer hängen sie an ihren Worten. Doch die Last ihrer Müdigkeit entbürdet sich nicht mehr im Schlaf, im Trost des Abstands durch die Träume.

SCHICKSAL:

Sie glauben, sie fänden Trost durch die Klage. Noch haben sie nicht verstanden, daß sie ihr Bewußtsein suchen sollen. Sie klagen ohne Unterlaß. Beklagen mich, ihr Schicksal, das sie so sehr verkannten.

TOD:

Sie hängen noch an ihrem Schicksal. Obwohl sie denken, sie seien seine Opfer. Sie hatten sich ein Schicksalswunschbild angefertigt, dem sie ihre Wirklichkeit anmaßen. Sie waren so beschäftigt, so am Werk, daß sie nicht bemerkten, wie dieses Bild sie veränderte. Sie schufen sich eine Bühne, Bretter von Bäumen, die sie über die bloße, nackte Erde legten, um auf ihr etwas darzustellen, was sie nicht waren. Und als sie wurden, was die Rolle von ihnen verlangte, verloren sie die Wirklichkeit.

Von da an schätzten sie nur noch das Reale. Doch das Reale war nicht die Wirklichkeit. Und ihr Bewußtsein blieb kümmerlich und auf die Umrisse bezogen.

SCHICKSAL:

Sie anerkannten nur, was ihnen Aug und Ohr verkündeten und was Gelehrte ausgesagt. Entnahmen wenig Wahrheit aus den Mythen und förderten die Religion, wie's ihnen angepaßt schien… zur eignen, nicht zu Gottes Ehre. Denn Gottes Reich schien ihnen weit zu sein und fern von dieser Erde, die sie bebauten und verbrauchten. Sie machten sie sich untertan, bis sie unter dem habgierigen Zugriff verblutete.

Was ging ihr innres Wesen sie schon an? Sie waren die Herrn und legten Zeugnis ab von i h r e r Wirklichkeit. Beweis gab nur, was sichtbar war und was man tasten, hören konnte. Noch immer hängen sie an ihren Beweisen.

TOD:

Natur schien ihnen angestammt, zu ihren Rechten ausgelie-

fert, zu Beutezug und Nutzung nur bestimmt. Reales gab den
Halt. Die Wirklichkeit war widerlegbar... Natur war immer zu
verbessern. Nur selten fand wohl einer die Lichtung einer
Frage.

SCHICKSAL:

Sie hatten viel zu viele Antworten. Die Fragen schienen ihnen
nicht so wichtig. Sie stellten fest und legten Zeugnis ab.
Noch immer hängen sie an ihren Antworten. Sie waren
Realisten. An die Materie gebunden und über sie erhaben. Sie
waren stolz, so klar zu sehn! Sie hängen noch immer an ihren
Überzeugungen.

TOD:

Sie fanden das W o r t »Materie«, nicht seinen Sinn. Was
wußten sie schon von der leisen Stofflichkeit des Geistes, der
sich immerzu verändern will?... Sie merkten kaum, daß, was
sie festzuhalten glaubten, sich still dem Zugriff ihrer Hand
entzog. Wie hätte ihr Bewußtsein sich vertiefen können? Sie
nahmen alles beim Wort.

SCHICKSAL:

Sie wollten nicht so viele Gedanken. Gedanken waren ihrem
Gestaltungsdrang im Weg. Sie waren so beschäftigt. Sie hatten ein Ziel...

TOD:

...den Erfolg. Noch immer hängen sie an ihren Erfolgen.

SCHICKSAL:

Gekrönt wollte jedermann sein. Von seinem Erfolg gekrönt!
Das war sein Ziel. Die Menschen sprechen nicht von ihrem
Leben. Sie sprechen von ihrer Laufbahn. Von ihrer Leistung,
nicht von ihrem Wirken. D a v o n legen sie Zeugnis ab. Auf
ihrer Bühne sind die Bretter morsch geworden.

Ihre künstliche Wirklichkeit ist ins Wanken geraten. Die Erde
kommt näher...

DIE TOTEN:

Wir waren verstrickt
verirrt in der Zeit
und sahen nicht
göttliche Wirklichkeit.

SCHICKSAL:

Wie hätten sie mit ihren gemachten Bildern wissen sollen, was
die Wirklichkeit ist.
Sie waren verstrickt in Diesseitsverwirrung. Und legten davon
Zeugnis ab. Sie hatten Taggesichter, denen das Gut der
Dunkelheit fremd blieb.

TOD:

Doch gab nicht Zeugnis auch die Nacht, in die der Tag sich
übergab, als sei er nie gewesen? Die Nacht, die Aufmerksame,
mit den tausend Augen? Die Blaßdurchmondete, die die
Konturen löschte? Die Nacht, die schweigend alle
Künstlichkeit des Tages in sich aufhob, Sternkeime streute
und Ungesagtes wog und mahnte?

SCHICKSAL:

...mahnte... mahnte... meinte...

TOD:

meinte... mich.
Und war begleitet von der Furcht, mir zu begegnen in der
Einsamkeit und Abgeschiedenheit des Traums, der sich mit
keinem teilen ließ. Mit keinem.

SCHICKSAL:

Also, die Einsamkeit, in der Bewußtsein hätte reifen müssen.
Schlaftiefe, aus der die Bilder stiegen, um die Gedanken weit
zu machen. Traumtiefe.
Der Bewußseins-See, auf dessen Grund die Seele bloßlag.

TOD:

Sie hatten Angst vor dieser Wirklichkeit. Versuchten, kaum
dem Traum entronnen, ihn schal zu deuten und ihn mit
Scherzen laut in die Gunst des schnellen Tags einzubeziehn.

Um Nachtdämonen der geisterhaften Botschaft zu entmachten.
Ich hab sie oft gerufen. Vielfach gemahnt. Schwarz mit
Pupillennacht die Angst geweitet, daß sie durch mich, den
Tod, das Leben fühlen sollten. War immer um sie. Beständig
nahe. Hätte ihr Freund sein können, ihr Gefährte im Anschaun
der Welt. Sie haben mich vertrieben. Verdrängt. Ich paßte
nicht in ihre Pläne, nicht zu ihrem Ziel. Sie wollten nicht
sehen, wie gefährlich der Erfolg ist.

SCHICKSAL:

Sie wandten immer beträchtliche Müh' auf, um nicht nach der
verborgenen Seite des Lebens fragen zu müssen. Zu viele
Ablenkungen. Zu viele Worte. Und mancher bracht's zu
großem Beifall durch sein respektlos hintergründ'ges
Formulieren. Als einer, der sich großtut und aus der Vielheit
eben doch nur grob zwei Seiten zerrt.

TOD:

Geistreich zu sein, heißt eben selten auch nur: reich an Geist.
Der Pfeil des Spötters trifft nur e i n Ziel, doch legt er nicht
die Gründe bloß. Und wenn er trifft, dann gibt es Beifall für
jeden gelungenen Schuß. Noch immer hängen sie an diesem
Beifall.

1. TOTER (Spötter):

Ein Spötter war ich, nahm die Dinge leicht, bei Gott,
gewitzt gerad genug, um nur die Wahrheit anzuritzen.
Ich spaltete die Doppelbödigkeit, mein Spott
jedoch verhalf mir nicht, die Wahrheit zu besitzen.

TOD:

Sie sahen nur den Erfolg, nicht die Gefahr. Befaßten sich mit
dem Gelingen nur nach außen, nicht mit dem weitverzweigten
Wegbau tief nach innen. Und gaben dich, ihr Schicksal, preis
für Geld und Ansehn, Macht und Ruhm. Versagten dir den
Rohstoff ihrer Seelen.

SCHICKSAL:

Und viele ihrer Gesetze verachteten das Recht.

2. TOTER (Advokat):

> Als Advokat, ein Streiter an des Rechtes Tor,
> ließ ich mich nicht von Worten nur bestechen,
> wenn ich von Fall zu Fall auf eine andre Wahrheit schwor,
> lag's mir nicht an, die Ungerechtigkeit zu brechen.

3. TOTER (Kanzler):

> Ich nahm das Volk mit meiner Red' beim Ohr,
> versprach der Menge, was sie hören wollte:
> die Steigerung des Reichtums, und beschwor,
> daß fortan alles besser werden sollte.

SCHICKSAL:

> Hör sie nur an. Sie kommen nicht los. Sie sind die Opfer ihres
> Rechtes, die Opfer ihrer Worte.

4. TOTER (Bischof):

> Ich predigte, fand in der Schrift den Hort,
> draus ich das Heil verteilte und Verdammnis fluchte.
> Den Schöpfer band ich nur an Bild und Wort,
> wenn ich die Macht der Deutung suchte.

TOD:

> Auch jetzt noch hängen sie an ihren Deutungen.

5. TOTER (Philosoph):

> Die engen Worte, die ich kannte, halfen mir nicht weiter,
> Nur Leiter waren sie, die nächste Sprosse zu erklimmen.
> Drum schuf i c h selber Worte aus den vielen Stimmen,
> kristallisierte Geist und wurde nicht gescheiter.

Schicksal lächelt.

6. TOTER (Schriftgelehrter):

> Ich ging soweit, die Wahrheit zu v e r k ü n d e n !
> Schon lag der Reif auf meinem Bart.
> Mein Wort war Festung, nicht zu überwinden,
> blieb Stein und machte alle Wahrheit hart.

SCHICKSAL:

Ernst.

> Sie unterdrückten die Wahrheit mit ihren Worten. Ihr hilfloses

Großtun in einem Übermaß von Vermessenheit ließ sie auf
Zeit und Tag wohl glauben, daß sie die Welt s o fesseln könnten und dabei selber Freie blieben.

TOD:

Und haben sich mit ihren eignen Ketten an die Welt geschmie-
det.

CHOR DER TOTEN:

Nein, Schicksal, nein! Du selbst hast geblendet
und hast uns verführt zu dem äußren Bemühn,
für das wir die Kraft unsrer Seelen verschwendet
und ganz vergaßen, daß sie doch blühn.

Du hast uns getäuscht, denn schon mit den Worten
der Eltern gerann unser Anspruch auf Glück.
Wir sahen darin, weltlich Schätze zu horten,
Reichtum und Glanz jedoch trüben den Blick.

SCHICKSAL:

Auch die Seele hat Augen. Ihr habt sie blind gemacht. Die
Linsen verhornt. Habt nicht mehr wahrgenommen, wie durchsichtig die Dinge sind. Jetzt sind eure Lider schwer. Und müd
seid ihr vom Mächtigsein, das keine Zukunft hat. Orientierung
war nie eure Sache.

Zum Tod gewendet:

Aber sieh, hier, doch e i n e Fortgeschrittene.

EINE FORTGESCHRITTENE TOTE:

In hellerem Gewand.

Weh ist mir noch, denn was ich versäumte,
beschwert meine Seele mit bitterer Scham,
weil ich mich einspann, und nicht, was ich träumte,
mit in die engenden Häuser mir nahm.
Alltage haben zur Pflicht mich genommen,
die innere Stimme hat mich gestört,
sie durfte mir nicht zum Herzen kommen,
hab willfährig nur auf die andern gehört.

TOD:

Ihr hattet Zeit. Ihr glaubtet, viel Zeit. Für Aufbau, Besitzgier,
Zerstörung und Streit! Euer Rollenspiel ist über euer Gewissen gewuchert. Wucher getrieben habt ihr mit allem, was euch
anvertraut war: mit der Natur, den Gedanken, mit euren Talenten.

2. TOTE (Ängstliche):

Meine Talente! Ich wußte ja nicht von sovielen Gaben! Traute
mir nichts zu. Ich liebte die Zartheit der Poesie, das
Zauberreich der Töne. Aber nie hätte ich gewagt, das
Saitenspiel zu erlernen: die Sehnsucht nach der Kunst des
Wohlklangs war weniger stark, als die Furcht vor meinem
Unvermögen. So erstarrte mein Herz im grauen Gram meiner
unerlösten Wünsche.

SCHICKSAL:

Erinnere dich doch daran, was von deiner Sehnsucht übriggeblieben ist! Du wirst ihrer bedürfen…

2. TOTE:

Wozu? Musik braucht ja die Zeit. Das Nacheinander von den
Tönen. Die Folge. Die Wiederholung… Durchdringung…

TOD:

Durchdringung. Du wirst sie finden.

7. TOTER (Komödiant):

Für mich war all das Treiben nur ein Spiel!
Verstellte meine Stimm', und ließ mich für den Narren
                                                    halten,
    mit Possen überspielte und verbarg ich viel,
    vergaß jedoch zuletzt m i c h selbst in wechselnden
                                                    Gestalten.

6. TOTE (Nachbarin):

    Auf der Lauer lag ich stets an meinem Fenster,
    konnte Platz und Gassen übersehn,
    ich liebte das Gerücht und kannte die Gespenster,
    die mit Verrat durch fremdes Schicksal gehn.

3. TOTE (Königin):

Täuschung! Nur Täuschung diese hinfällige Welt! Umrisse,
die sich verschieben lassen, oder an denen man zerbricht!
Eine Königin war ich. Ich habe unter der Krone gezittert.
Wer hätte geahnt, wie sehr mich der Arm schlug, der so überzeu-
gend das Zepter hielt. Als der Betrug ans Licht kam, verwelkte ich wie eine Blume, der zuviel Sonne Schaden brachte. Hab
ich doch an die Liebe geglaubt. Und an die Treue. Wie zer-
störte mich die Enttäuschung, als meine Schönheit in Un-
gnade fiel. Nie konnte ich es vergessen. Niemals. Verbittert
habe ich fortan mein Dasein vertrauert, nie mehr einer Freude
Zugang zu meinem Herzen gewährt.
Wer bist du, Schicksal, daß du niemals mich losläßt?

SCHICKSAL:

Ich hab dich niemals festgehalten. Du hast mich mißverstan-
den. Mich zu ernst genommen. Zu wörtlich. Ich war dir zuge-
sandt, dir andre Wege aufzuzeigen. Du aber bist an mir verzweifelt, wenn deine Wunschbilder sich in Spiegel verwan-
delten, in denen du dich nicht erkennen wolltest.

3. TOTE:

Wie hätte ich wissen sollen, wer ich bin?

SCHICKSAL:

Du hättest dich in ihnen finden können.

3. TOTE:

Bevor ich noch zum Ich fand, war mir bereits gesagt, wie ich
mich nennen sollte. Und ich gebrauchte immer jenen Namen,
wenn ich mich über mich und etwas äußern wollte.
Allmählich hab ich mich mit diesen Namen so geeinigt, daß
ich mit ihm verschmolz. Jenem Namen, mit dem sie mich
schon lange nannten. Ich habe ihnen geglaubt.

SCHICKSAL:

Weißt du ihn noch?

3. TOTE:

Mein Unglück ist's, daß ich ihn bisher nicht vergessen konnte. Zuviel ist noch mit ihm verbunden.

SCHICKSAL:

Du wirst nicht frei sein und zu Größerem gerufen, solang du
noch so hörig jenen willigen Genossen meiner Erdenwirksam-
keit vertraust und unterscheiden mußt nach Unglück oder
Glück. Und nicht den Rang des einen oder andern erkennst.

3. TOTE:

Noch immer weiß ich keine höh're Wahl.

Beginnt zu weinen.

Wie schon ich alles lassen mußte in der begreiflich festen Welt
der Dinge, die reiche Mitgift schwerer Tränen war mir großzügig mitgegeben.

SCHICKSAL:

Wie willst du schauen, blind von Tränen, und deinen neuen
Weg erkennen, der weiterführt, wenn immer du zurückgehst
auf dem zähen Grat der Wundspur in vergangne Zeiten?

4. TOTE (Rechtschaffene):

Mein Tun war ohne Fehl, ich gab mich treu, bescheiden,
                                          schlicht,
mir selber schien ich besser als die andern,
mein karges Wort gab der Aufrichtigkeit Gewicht,
mit ihm konnt ich die Wahrheit unterwandern.

5. TOTE (Schöne):

Mein Gesicht! Nirgends find ich mein Gesicht. Will ich mit
Händen es betasten und mich erinnern an die Züge, die mir
vertraut in ihrer glatten Anmut lieb und wichtig waren, so
schälen meine Finger nur immer Masken voneinander, die mir
nicht kenntlich sind. So wie ich war. Maske über Maske. Wo
ist mein Gesicht? War so begehrt und angesehn für seine
Schönheit, seine Wirkung! Und ich war immerzu mit mir
beschäftigt.

SCHICKSAL:

Mit wem?

5. TOTE:

Mit… mit…

Überrascht nachdenklich.

mit… mir selbst.

SCHICKSAL:

Und w e r bist du?

5. TOTE:

Ich bin… ich war…

SCHICKSAL:

Warst du? Hast du dich mitgeteilt? Wer bist du denn gewesen?

5. TOTE:

Ärgerlich.

Wie soll ich's wissen, ich kann mein Angesicht nicht finden.

SCHICKSAL:

Du hast mit deiner Anmut nur geprahlt, mit ihrer Hilfe nur dir Zuneigung gewonnen. Doch niemals glühte deine Schönheit so, daß Herzen sich entzündet hätten. Sie blieb nur Maske. Denn keine Kraft und keinen Antrieb eines Willens hast du in jener Welt einst aufgebracht, wohl auch ein Gutes zu vollenden. Fühlung und Teilnahme für die Welt, für die Natur, für andre Wesen lebendig zu empfinden, war dir unmöglich. In deiner eitlen Selbstsucht bist du über dich selbst hinweggegangen.

5. TOTE:

Was soll ich tun? Auch ohne Angesicht schein ich vorhanden. Sieh doch, es spricht etwas aus mir.

TOD:

So hör gut zu!

5. TOTE:

So deutlich ist es nicht… Gebt mir doch einen Rat, was kann ich tun?

TOD:

Warten. Du bist in einem Zwischenreich. Solange du nach etwas suchst, was du nicht irdisch schon gefunden, mußt du geduldig sein. Hier reift man langsam. Denn die mütterliche Erde umsorgt nicht mehr die schwach gewordnen Keime.

5. TOTE:

Warten? Worauf?

SCHICKSAL:

Auf Gnade.

7. TOTE (Mutter):

Wo ist mein Kind? Ich hofft', es hier zu finden,
als ich den letzten Schritt gewagt.
Gibt niemand Antwort? So verzagt,
so ohne Trost – von Leid, von Trauer ganz gebrochen –
hab ich geklagt.
Ich hab's gewagt, dem Blut des Kinds zu folgen,
das aus dem eignen heißen in das Leben kam.
Mein Kind, das mir das Schicksal nahm.

War es nicht so, als hätte die Geburt des Allerliebsten mir schon das Ende meiner Tage vorgezeichnet? Da bist du, Tod! Was hast du mir zu sagen? Du Lebenhasser, Krankheitsbringer! Du schändlicher Vernichter süßer Hoffnung, aller Liebe.

TOD:

Beruhige dich! Lang hab ich's vorgewußt. Jetzt hast du's überstanden.

7. TOTE (Mutter):

Wo ist mein Kind? Es war mir zugesprochen.

TOD:

Sei ruhig! Gedulde dich! Du bist den Weg zu Ende nicht gegangen. Nun mußt du warten.

MUTTER:

Warten? Hab ich nicht lang genug in meinen Schmerzen aus-

geharrt, bis ich dem Untragbaren mit eigner Hand ein Ende
setzte?

SCHICKSAL:

Nachdrücklich.

Du bist deinen Weg nicht zu Ende gegangen! Meine Aufgabe
hast du nicht erfüllt.

MUTTER:

Welche Aufgabe hätte m i r noch Erfüllung gebracht?

SCHICKSAL:

Soll ich dir die Kinder zeigen, die du noch hättest haben können?

Holt zwei Kinder heran, Mutter bricht schluchzend zusammen.

TOD:

Lös dich, mach die Gefühle frei! Sie tragen weit, wenn du
Vertrauen lernst und das Geduldigsein.

Jedermann wird hereingeführt.

JEDERMANN:

Erlöst? Man hat gesagt, ich bin erlöst. Und finde mich doch
hier in einem Reich von Schatten.

Blickt zum Tod.

Auch du bist da, der mir vor kurzem noch so großen
Schrecken eingeflößt hat und mich so unvermittelt aus dem
schönen, bunten Leben nahm. Die Reu' war wohl nicht stark
genug…

TOD:

Erlöst. Du darfst auf jene Botschaft dich beruhigt verlassen,
die dir herüberhalf. Doch auch das Leben hat Stationen. Oft
macht der Übergang Beschwerden…

JEDERMANN:

So soll noch etwas werden, so doch das Alte ganz beendet?

TOD:

> Gewendet hat sich das Geschick d e r Menschen, die ehemals dir anempfohlen.

Vor der Bühne kommen von rechts langsam, mühselig und aufeinander gestützt, Sveglia, die Amme und Jedermanns Mutter zur Mitte; Jedermann will hinzulaufen und sich bemerkbar machen – kann es aber nicht, er bleibt für die drei unsichtbar.

JEDERMANN:

> Laßt mich zu ihnen, sie brauchen meine Hilfe!

SCHICKSAL:

> Sie hätten deine Vorsorge gebraucht.

JEDERMANN:

> Wie konnt ich wissen, daß ich so jung...

TOD:

> So meint ihr alle, die ihr Einfluß habt und Macht in jener Welt, e u c h träf' es nicht! So sicher seid ihr eurer selbst. Und hättet Grund genug doch zu verstehn, daß über allen ein Gesetz der Gleichheit wirkt, das selbst für euch kein Vorrecht duldet. Und müßtet schon aus allem, was ihr seht, mit eurem Abschied rechnen. Doch daß nun etwa kostbar euch der Baum, die Blume und die Erde, das Land, das ihr bestellt, verwüstet ihr's, um es auch ganz zu nutzen. Vertilgt, was nicht in eurer Gärten geplante Wirtschaft paßt. Wo ihr euch fortbewegt und zur Bequemlichkeit noch immer neure Mittel findet, geht euer Atem langsam und stößt doch giftge Dämpfe aus. Und immer ungestillt bleibt euch der Wunsch, auf's neue eure frischen Grenzen noch über's Gut des Nachbarn zu erweitern. So ist der Mensch. Die Welt ist so. Sie schafft den Tod – und meint das Leben.

JEDERMANN:

> Erlöst, sagst du? Heißt das, untätig allem zuzusehn, was man zurückließ in der Welt an Ungelöstem? Das, wie ich seh, sich

nun verwirrt und keinen Gang nimmt, den ich jemals wünschen konnte. Sollt ich, da ich bereu, von hier aus nichts mehr ändern können?

3. TOTE:

Schau nicht zurück! Wir alle haben hier nicht mehr die Kraft zu handeln. Die Zeit des Änderbaren ist vorbei.

JEDERMANN:

Schreiend.

Sie trägt ein Kind von mir! Ich hab es nicht gewußt! Ich habe nie daran gedacht. Nicht an die Pflicht des Vaters und nicht an die Freude. M e i n   Teil an ihr war mir genug. Hab sie dafür belohnt mit Gegenwartsgeschenken. Hab nie gedacht, daß sie ein Drittes aus mir binden könnte. Wie hol ich das Versäumnis nach?

SCHICKSAL:

Sie wird das eigene Versäumte nun durch ein neues ungewohntes Tun gezwungnermaßen überholen.

TOD:

Ich gab ihr Schuhe. Sie hat noch Zeit.

SCHICKSAL:

Ich gab ihr Steine.

TOD:

Sie wird sie überwinden und grüßen lernen.

JEDERMANN:

Wo sie die Kraft nur herhat und die Würde – nein – diese liebevolle Haltung, mit der sie auch die andern stützt! Seht doch, wie sie sich Mühe gibt, nicht selbst zu fallen…

SCHICKSAL:

Sie hat gelernt, mit Schwachheit umzugehen.

Sveglia, Amme und Mutter bleiben vor der Bühne in der Mitte stehen, während Jedermann immer wieder verzweifelt, aber ohne Erfolg, versucht, sich ihnen bemerkbar zu machen. Der Sommer begleitet sie.

JEDERMANN:

Seht doch, sie wankt, scheint fast gebrochen und kämpft sich unbeirrt doch ihre Straße. Aufrecht steht sie im Sturm der Anfechtung. Sie, der ein milder Windhauch ehemals stets gut war und nur die Rosenränder des Gewands und ihre langen Haar' zu Wellen kräuselte. O helft…

SVEGLIA:

Ich hab' mir große Müh gegeben. Die Arbeit machte mir nichts aus. Doch konnt' ich bei der Weberin nicht bleiben. Sie wußte wohl etwas von meinem frühren Leben. Zwar nicht sehr viel, jedoch genug, um immer wieder mich mit Demütigung zu kränken. Mich zu verachten. Dabei gab sie mir ehmals Grund zu denken, daß sie mir freundlich sei. Es konnt' nicht länger gutgehn. Es tut mir leid für euch. Jetzt sind wir wieder unterwegs.

AMME:

Und niemand wußte, wie weit es ist dorthin?

SVEGLIA:

Keiner konnte es sagen. Der eine meinte eine gute Weile, der andere sprach von etlichen Monden. Die Widersprüche hatten kein Maß.

AMME:

Von denen, die dorthingegangen, sind wohl wenige zurückgekehrt.

SVEGLIA:

Wer einmal dortgewesen war, der hatte nicht den Wunsch danach. Und jene, welche die alten, verbrauchten Stätten wieder aufsuchten, kamen zurück als andere.

AMME:

Als andere? Veränderte.

SVEGLIA:

Sie schienen reicher zu sein. Aber nicht darum, weil sie mehr besaßen als zuvor. Und doch verriet der Glanz ihrer Augen, daß ihnen mehr gehörte, als ihnen je zu eigen war. Es ging so eine Kraft von ihnen aus. So eine Weite, als hätten Ewigkeiten sie durchwandert.

AMME:

Sie waren reicher an Gemüt. Vielleicht dem Leben a n d e r s zugetan.

SVEGLIA:

Sie schienen sehender geworden.

Jedermanns Mutter bricht fast zusammen; Sveglia zur Amme:

Komm, hilf mir! Wir wollen die Mutter dort drüben bei dem kleinen Felsen eine Weile lagern und etwas rasten.

MUTTER:

Bin zu erschöpft!

SVEGLIA:

Hast du Schmerzen, Mutter?

MUTTER:

Bin zu erschöpft. Ich kann nicht weiter. So müd und krank. Wozu die Mühe noch für eine alte Frau, der man das Recht genommen und das Eigentum. Die man verstoßen hat, entmachtet und beraubt. Und jener, dem man blind Vertrauen schenkte…

SVEGLIA:

Laß, Mutter, die Gedanken los! Es steht nicht mehr dafür. Du mußt dich ausruhn. Der Weg war hart von Steinen. Die Sommerhitze hat dich angegriffen.

MUTTER:

Meine Füße sind kraftlos wie mein Herz. Meine Füße sind krank. Mein Herz ist tot. Ich war das Weiter-gehen nicht gewohnt. Stand viel zu lang an e i n e r Stelle. Meine

Füße sind geschwollen und blutig. Sie gingen viel zu lang im Kreis.

SVEGLIA:

Kniet vor der Mutter nieder und öffnet die Binden, die um deren Beine und Füße gewickelt sind.

Es wird schon Linderung geben. Drüben am Rain hab' ich eine Quelle gesehen. Ich will dir Wasser holen.

Sie geht.

AMME:

Verschnauft euch! Ihr müßt versuchen, die Fallstricke der Verzweiflung zu zerreißen.

MUTTER:

Alles verloren. Selbst mein Glaube, auf den ich mich zeitlebens gestützt hab', trägt nicht mehr.

Sveglia schöpft Wasser aus der Quelle, dann hält sie ein und fällt schluchzend nieder, wie ein Mensch, der lange seine Qual zurückgehalten hat; ein Engel tritt zu ihr.

ENGEL:

Sveglia, du Aufgewachte, woher kommst du und wo gehst du hin?

SVEGLIA:

Weißt du es nicht?
Als Fremde hab ich lang in einem Land, in das ich nicht gehörte, mir immer wieder Fremdes zugeeignet, bis ich vertrieben wurde. Das Schicksal hat mich hart behandelt. Wie soll ich diese Heimatlosigkeit ertragen? Zeig mir den Weg zu König Boihs Land!

ENGEL:

Du schreitest fort. Gott hört auf dich in deinem Leid und wird nach Seinem Ratschluß deine Wege lenken.

SVEGLIA:

Was wird aus meinem Kind? Da m i r das Leben schon nicht

gut war, in welchem Irrtum wird wohl s e i n e Spur verloren gehen?

ENGEL:

Zieh' deinen Weg! Geh' nicht zurück und such' die Strecke des Verstehns und nicht der Worte.

Engel verschwindet.

SVEGLIA:

An der Quelle betend.

Laß mich erkennen, Herr, wozu Du mich bestimmt hast,
die Ohnmacht läßt mich jetzt noch keine Wegspur sehn,
trag Du auf Adlersflügeln meine Menschenlast,
zeig mir die Gaben, die ich hab', zu überstehn.

AMME:

Zur Mutter:

Schließt die Augen! Lehnt den Kopf an meine Brust! Wie oft hat nicht auch meine Sveglia das sanfte Rauschen meines Bluts beruhigt und in den Schlaf gesungen.

MUTTER:

…bin müd… und krank… und kann's nicht überwinden.

AMME:

Ich will Euch wiegen wie ein Kind.

MUTTER:

…wie ein Kind…

AMME:

Wiegt sie liebevoll.

Weit weg gewiegt – weit weg von aller Kränkung, aller Sorge. Aller Schmach. Seht nur, es tut Euch wohl. Ihr löst Euch schon in meinen Armen.

Zu sich selbst:

Wie oft wußt' ich es selber kaum, w o mir die Kraft herkam, von wo die Stille, die andere zur Ruhe brachte. Die floß aus meinem Leib und Obdach gab und Wärme – Nahrung

sogar – obwohl auch mir so wie den andern der Sorge Not
oft die Gedanken dunkel machte und auch dem Herzen wehe
tat.

SVEGLIA:

Kommt zurück und kühlt die Füße der Mutter.

Ein wenig wollen wir noch bleiben. Mag sie im Schlaf nun
etwas Stärkung finden. Wenn ich euch sitzen seh, so denk ich
an die Pietà im Dom, zu der ich immer beten ging. Die Mutter
Gottes mit dem toten Sohn auf ihren Knien. Denn wie gestorben liegt die Mutter da in deinem Schoß. Die stolze Frau, die
immer nur befahl und herrschte, ist tausend Tode nun gestorben. Hat ihren Sohn verlieren müssen und durch die Tücke des
vermeinten Freunds die Heimat. Sogar den Glauben, der ihr in
seiner Enge nicht mehr weiterhelfen konnte.

JEDERMANN:

Zum Schicksal:

Und wenn nicht ich –

Schaut sich hilflos um.

– kann nicht ein andrer hingehn und zu Hilfe eilen?

Sein Blick fällt auf den Tod.

Nicht du! Bei Gott, dich mein' ich nicht. Du Besserwisser,
Neunmalkluger, den's freut, wenn irgenwo ein Licht erlischt.
Der du nur Angst verbreitest, solang das Blut durch unsre
Adern rinnt. Helft doch, jenseitige Betrachter von fremdem
Menschenlos!

Er fällt schluchzend nieder; der Tod beschwichtigt ihn.

SVEGLIA:

Wir müssen weiter! Bald wird es dämmern. Ich weiß ein
Bauerngut ganz in der Näh', das einst dem Eigentum des
Vaters eingeschlossen war. Gewiß wird man uns eine Tür dort
öffnen und gastfreundlich das Wiedersehn begrüßen.

AMME:

Seltsam und gar verwunderlich, daß nun gerad zur Zeit der
Prüfung dein Weg dich durch die Heimat deiner Kindheit
führt.

SVEGLIA:

Nachdenklich.

Durch's ehemals so reiche Land der Liebe und Geborgenheit.
Ich bin so müd'… Vielleicht ist's Wahrheit, was mir Hoffnung
gibt: daß jedermann in König Boihs Reich wird wieder Heimat finden können.

AMME:

Und Trost. Durch Heilung. Wenn's wahr ist, daß er den Blin-
den die Augen öffnet und auch den Tauben das Gehör erweckt.

SVEGLIA:

Man sagt, er war der Fürst des Leidens und der Traurigkeit.
Der Qual, des tiefsten Schmerzes. Der Verzweiflung. Er hab'
sie überwunden durch Gottvertrauen und durch Hingabe an
den höchsten Willen. Sein Name hab' sich umgekehrt. Jetzt
sei er Licht.
Um ihn zu finden, muß man durch eines Jahrs Gezeiten gehn.

AMME:

Was habt Ihr, Mutter? Seid Ihr aufgewacht? Hat Euch die
kurze Ruhe nicht erfrischt?

SVEGLIA:

Seht nur, schon fächelt kühlre Luft die Schläfen. Wir wollen
weitergehn.

Gehen links von der Bühne ab.

JEDERMANN:

W o gehn sie hin? Ich hab es nicht verstanden.

Zum Schicksal:

Hör zu, ich muß dich etwas fragen.

SCHICKSAL:

Du, Jedermann, du solltest eine Frage an mich haben? Es ist das
erste Mal. Und fragst du um etwas oder fragst du nach mir?

JEDERMANN:

Es ist nicht Zeit jetzt für ein Spiel der Worte. Kannst du nicht
sehn, daß ich jetzt handeln muß?

SCHICKSAL:

Nein, du hast recht. Hier ist keine Zeit. Hier entwickeln sich
Gedanken nur nach innen. Entsagen bald dem Tatendrang.
Gehn ein in eine andre Wirklichkeit der tieferen Gestaltung.
Und für ein Wortspiel wirst du wohl zu müde sein. Denn die
Bedeutung hat die Worte hier verändert.

JEDERMANN:

Verzweifelt.

Du kannst mich tatenlos doch so nicht zusehn lassen.

SCHICKSAL:

Bestimmt.

Die Zeit der Taten ist vorbei.

JEDERMANN:

Das war mein Werk! Daß ich die Meinigen sich selber hilflos
überlassen hab'! Mein Land, mein Gut! Und der infame
Schelm, der immer speichelleckerisch mich denken ließ, er sei
mein Freund, hat nun ihr Unglück selbstsüchtig verschuldet.
Siehst du nicht ihre Not?

SCHICKSAL:

Klar.

Die Zeit des Handelns ist vorbei. Nun mußt du alles Weitere
schon meiner Führung überlassen.

JEDERMANN:

Sie ist nicht absehbar. Sie hat schon ganze Völker, die dir vertraut, entmenscht und in den Tod gehetzt. Jedoch, daß meine
Guten Werke vielleicht… ach nein, sie haben nicht Kraft
genug…

SCHICKSAL:

Der Herrenmensch hat Möglichkeit genug erhalten,
für guten Samen recht zu tun.

Soll sich das Saatgut noch entfalten,
Verdorrtes Blüten neu erhalten,
so muß zuerst die Seele ruhn.
Vorab die Bilder, die zu stark im Herzen
noch zeigen, was das Leben nicht erfüllt,
hingeben! Lösen! Bild um Bild!
Abkehr von dem, was ungestillt,
und doch erkannt am End' der Todesschmerzen.

JEDERMANN:

Ich kann die Runen meiner Schicksalszeichen nicht entziffern!

Der Herbst geht um vor der Bühne. Feuer loht auf. Der Krieg erscheint mit blankem Schwert. Er ist schön und selbstbewußt. Der Rechthaber in silberner Rüstung. Kalt und skrupellos. In seinem Gefolge der Zeitgeist, Horror, Terror und Mammon. Die Dämonen der Zerstörung eilen ihm voraus. Sie werfen Menschen aller Rassen nieder. Brandschatzen. Morden.

KRIEG:

I c h bin der Herr über Tod und Leben!
Man zittert unter meiner Macht.
Ich kann vernichten – und Wohnrecht geben
den Völkern, die ich nicht umgebracht.
Schaff' ich doch Chaos, daß Ordnung werde!
Nach m e i n e m Sinn schüre ich Aufruhr und Neid,
Gier, Haß und Mordlust auf dieser Erde,
aus Freund mach' ich Feind mit e i n e r Gebärde
und neue Erkenntnis erstickt bald im Streit.
Hab' geistige Väter in allen Sprachen,
ich schätze verbrannten Bodens Geruch,
und schlage mit Kreuzen gegen die Drachen,
begründe die Gründe mit einem Buch.
Mit Landnot, Gerechtigkeit, ewigen Reichen
glückseliger Herrschaft, die ich verheiß.
Unwerte Rassen müssen mir weichen,
denn ich bin der Krieg, ich hab' meinen Preis.

Der ganze Kriegsspuk verschwindet. Die verbrannte Erde dampft noch. Wieder
von rechts kommend auf einem Karren zieht Sveglia, die Amme und Jedermanns
Mutter bis zur Mitte der Bühne. Sie sind vom Krieg sehr mitgenommen.
Ausgehungert und verängstigt. Sie befinden sich auf der Flucht. Sveglia verteilt
Brot und Wasser.

SVEGLIA:

Der Fuhrmann gab das Brot, von dem ich auch den Karren
lieh. Selbst noch in dieser Zeit gibt's Mitleid von berührten
Seelen. Was wohl die Chronik einmal über all das Blut berichten wird, das sich vergoß aus aufgeriss'nen Herzen und dann
zu einem Purpurstrom zusammenfloß, der überall die Meere
rötet.

AMME:

Die Schreiber werden Zahlen nennen, weil Augenzeugen
schon nach der ersten blindwütgen Schlacht die Worte bra-
chen. Sodaß zur Schrift sie nicht mehr finden konnten. Vergessen suchten sie nach all den Greueltaten, die sie gesehn. Und
Frieden.

SVEGLIA:

Wer trägt den Frieden schon auf seinen Lippen – geschweige
denn in seinem Herzen, daß er darüber Ausspruch machen
kann? Wie leicht entsteht ein Groll, ein Übelnehmen, das
weite Wellen um sich schlägt. Nein. Nicht der Friede, nicht
einmal das Wort, hat seinen Hauch wie Weihrauch in den
Atem vieler Menschen fließen lassen.

Jedermann, der die ganze Zeit das Geschehen auf der Erdenszene zutiefst betrübt,
resigniert und hilflos beobachtet hat, blickt sie nachdenklich und verwundert an.

Aus dem
CHOR
der Toten verschiedene Stimmen:

Wir haben nicht gewußt, was wir hätten sein und haben können: Ein Volk und ein Gewissen.
Im Herzen: Einen Gott.
In aller Vielfalt und Verschiedenheit: Eine Sehnsucht. Wir sind
auseinandergefallen und haben uns bekriegt. Das Eigene
schien uns das Bessere. Die Vielzahl der Götter, die wir an-
riefen, hat uns nicht geholfen. Wir haben in ihnen nur das

Menschliche gesucht. Ihre Unsterblichkeit bewundert, ihre
Allgegenwart doch nicht verspürt.

SVEGLIA:

Die Welthaut ist zu hart geworden. Die Rettungszeichen sind
verwischt. Das Kriegsgeschrei erschallte auch aus Bethlehem.

AMME:

Wuchs doch ein Kreuz so klar und licht aus Golgatha. Daß es
mit seinen Armen Richtung wies in alle Welt und liebend sie
umarmte. Grünt denn nicht unsre tiefste Hoffnung aus dem
Todesholz? Warum trieb es die Wurzeln nicht hinein, wo alle Weisheit nur
noch e i n e n Gott empfindet?

SVEGLIA:

Die Wurzeln zu der Mitte, die Sucher auch aus andrer Anschauung vor Zeiten schon gefunden. Aus ihr kommt alles,
was geschieht und Wesen ausmacht. Das hab' ich eingesehn.
Verschieden klingen nur die Namen. Das kann ich nun verstehn. Die Nacht vor der Flucht hab' ich von König Boihs
Reich geträumt. Ich fühlte, daß mich Flügel trugen…

*Fürstin kommt zu Pferd in Begleitung ihrer Gefolgschaft. Reitet herbei, stutzt,
kehrt um.*

FÜRSTIN:

Zur Mutter:

Erkenn ich nicht in Euch die Mutter meines Jedermann, dem
ich in froher Jugend halb versprochen war?
Steigt vom Pferd und nähert sich freundlich.

MUTTER:

Kann's sein – du bist es wirklich – Veronika?
Sie umarmen sich.

FÜRSTIN:

Sagt mir, was ist mit Euch geschehn? Hat Euch der lange
Krieg vertrieben aus dem schönen, reichen Land, an das ich
mich noch gut erinnern kann? Und wo ist Jedermann? Doch
nicht gefallen in der Schlacht?

MUTTER:

Nein, er starb plötzlich. Aus vollem Leben ward er abberufen. Von Haus und Hof vertrieben hat uns dann sein Freund, dem ich nach meines Sohnes Tod die Güter und die Wirtschaft übergab. Doch sieh! Dies hier ist Sveglia, mein gutes Kind und meines Sohnes treue Frau, die ihre ganze Liebe auf meine Gebrechlichkeit und Not nun übertragen hat. Und auf mein Enkelkind, das ihr von meinem toten Sohn noch unter ihrem Herzen ruht.

FÜRSTIN:

Umarmt Sveglia; dann wird sie ernst.

Der Fürst, mein Gemahl und Herr, ist streng und ungestüm, doch haben Sieg und Ruhm ihn weicher erst gestimmt. Er wird euch sicher über Winter eine Bleibe geben. Mit Liebe will gewiß ich für euch Sorge tragen. Schon wird es kalt.

Zu ihrem Diener:

Laßt warme Decken bringen.

MUTTER:

Wir wollen gerne nicht zur Last Euch sein. Und nicht in unsrem Leid so unvermutet uns in Euer Leben drängen.

FÜRSTIN:

Ich bitte Euch! Seid nur getrost. Manchmal ist mir das Herz so schwer, von dem, was Ehe ist. Und wenn das Heimweh schlägt…

Nachdenklich.

Wir Frauen sind Natur und doch nicht frei, geht doch der Mann durch uns hindurch – an uns vorbei… Ich freu' mich über Eure Gegenwart – doch laßt es nicht den Fürsten wissen, wie ich so zu Euch steh' und nicht, woher die Nähe stammt! Komm, Sveglia, liebe Schwester, du wirst mir helfen, das Fastentuch für den Altar des heil'gen Lazarus zuend zu sticken, das unter feierlichen Zeremonien mein Mann zum Dank für seinen blut'gen Sieg der Kirche schenken will. Ich glaub', daß unter deinen guten Händen die Farben leuchten werden, daß die Symbole Kraft entfalten, aufzuglüh'n.

Sie gehen nach links ab von der Bühne.

JEDERMANN:

Was hab' ich denn von Ungeborgenheit gewußt? Von Schmerz
und Angst und Hungers Not? Von Fremdsein, Dienen und
Geknechtetwerden? Und von der Seele Dürsten nach der
innersten Behütung? War ich mir selber doch so unbekannt
und fern. Und meine Wurzel haftete zu fest und tief in hei-
matlicher Erde. Trieb mich gefahrlos in die Höh', daß ich das
Meine überschauen konnte. Reich war mein Reich, in dem ich
nicht die Grenze kannte. Gut gab mir Recht, nicht gut zu sein.
Und was ist übrig nun von meiner Macht? Sie legte Schatten
über diese Erde, und ließ das, was mir lieb und teuer war,
letztendlich ungeschützt zurück. Wie hab' ich's wohl verdient,
daß du mich, Schicksal, auch noch jetzt so gütevoll begleitest?

SCHICKSAL:

Für manchen sind die Wege weit und voller Widerspruch und
münden nicht so bald wie schnelle Flüsse in das Meer der
Horizonte…

JEDERMANN:

Ach, Schicksal, niemals ist es leicht, dich zu verstehn. Du
weist dich stets dem, der dich fragt, durch immer neue Rätsel
aus. Die Weisheit deiner Antwort aber kann man sehn…

Zeigt in die Richtung der vier soeben abgetretenen Frauen.

Schicksal, ich danke dir.

SCHICKSAL:

Nicht mir. Danke nicht mir. Ein Höh'rer ist's, an den du denken solltest. Wir alle sind nur seine Mittler, auch du…

JEDERMANN:

Mir wird so leicht. In mir wächst ein Vertrauen… Was ist denn
Glück? Das schnelle Auftürmen von Lust, an dem man bald
Genüge hat, so daß man's unversehens nicht mehr mit diesem
Namen nennt? Ich bin ihm immer nachgejagt. Jetzt kenn' ich
andre Seligkeit.

Winter kommt vor die Bühne mit seinem Gefolge.

WINTER:

> Die Erde braucht Frieden – ihr Geheimnis ist Ruh
> Ich deck' ihre brandigen Wunden nun zu,
> bringe zur Stille den schäumenden See,
> verhülle die Äcker und Fluren mit Schnee.
> Wände von Flocken jage ich her.
> Schon sieht man die Gräber der Toten nicht mehr.

JEDERMANN:

> Was ist das für ein Glanz, der alles Dasein nun umgibt? Was
> ist das für ein Licht? Es macht so froh.

SCHICKSAL:

> Es kommt aus dir selbst! Bald wirst du steigen. Bereit zu
> einem andren Leben sein. Wirst neue Aufgaben erfüllen dür-
> fen. Sieh nur! Dort drüben die Weitergegangene. Jetzt wird ein
> Engel geboren.

EINE FORTGESCHRITTENE TOTE:

> Oft hab' ich die Brandung der Nächte vernommen,
> und manches Mal wehten leise von fern
> so wundersam glühend, ins Weite verschwommen
> Lichtschleier von einem erloschenen Stern.
> Jetzt tauen die Spiegel, es atmen die Träume,
> und Farben flattern wie Vögel ins Licht.
> Die Winter zerfallen in singende Räume,
> es springen die Fesseln… Ich leiste Verzicht.

Zwei Engel erscheinen, legen ihr ein weißes Gewand um und führen sie hinweg.

CHOR DER SCHWERGEBLIEBENEN TOTEN:

> Nicht mehr zurück!
> Nicht in die Zeit.
> Wir lernen Geduld,
> bald ist es soweit:
> Nie mehr verfallen in Hörigkeit.
>
> Wir schreiten vorwärts,
> erwartet von weit.
> Das Alte verwest in Vergessenheit.
> Gelöst von der Zeit

bald sind wir bereit:
Unfreie steigen in Mündigkeit.
Bewußtsein braucht Stille,
so lautet der Wille,
Bewußtsein braucht Stille
der Ewigkeit.

*Während sie durch den wiedererstrahlten Regenbogen abgehen, reicht das
Schicksal Jedermann ein Licht und führt ihn auf der Spur des neuen Engels von
der Bühne ab. Das Schicksal lächelt.*
Ein Hauch von Frühlingsluft weht über die Bühne. Die Auferstehung naht.
Frühling streut Blüten und Schmetterlinge ins Land.
Fürstin erscheint mit Sveglia, Mutter und Amme. Es scheint ihnen gut zu gehen.
Vor ihnen tragen Mägde das fertige Fastentuch.

FÜRSTIN:

Daß ihr schon gehen müßt! Ich werd' mich einsam fühlen.
Wie gern folgt' ich euch dorthin, wo jede Seele Heimstatt hat
und jede Leiderfahrung ihren Sinn. Doch ich muß bleiben,
solang die Kinder noch nicht mündig sind und herzensstark
genug, auf dunkles Erbe Licht zu legen.

SVEGLIA:

Jetzt kennen wir den Weg, auf den man uns gerufen hat und
werden auch das Ziel des Weges finden. Wir werden König
Boih über dich erzählen. Und ihm von deiner Not und deines
Herzens Reichtum sprechen.
Der neue Jedermann soll dort geboren werden. Zu Füßen dessen, der alle Schmerzen kennt, die je ein Mensch erduldet. Der
alles Leid der Erde selbst durchlitten hat und aufbegehrend
haderte mit seinem Schicksal. Bis er es endlich losließ, als er
Gott schauen durfte. Aus Gnade.
Was wissen wir vom Hörensagen? Wenn uns nicht selbst das
Leid gepackt – wir werden's nicht verstehen. Überall sagt
man, daß viel Gewalt und Elend in der Welt geschieht, wer
aber fragt: Wo ist GOTT, mein Schöpfer? Boih hat immer
nach Gott gefragt, als er noch Hiob hieß und in seinem Leid
erzwingen wollte, daß Gott auf seine Fragen antwortet. Bis er
erkannte: Gott spricht immer zu uns, auf die eine oder andre

Weise. In jedem Augenblick. An jedem Ort. Meist aber beachtet's unsre Seele nicht. Ist viel zu sehr beschäftigt mit äußerem Bedarf. Leb' wohl, geliebte Freundin! Habe Dank! Wir wollen in der Kraft der Herzen und Gedanken verbunden bleiben. Leb' wohl.

Sie umarmen sich. Alle gehen nach links ab. Bühne bleibt leer. Niemandsland. Stille. Leise setzt die »Urmusik« ein (Streicher), Meditationsklänge. Töne mit Obertonreihen ziehen durch den Raum, bleiben statisch. Ursuppe von Klängen. Langsam bläht sich in der Mitte der Bühne eine riesige Weltkugel auf und beginnt sich zu drehen. Licht fällt auf sie, daß Tag und Nacht unterscheidbar werden. Mit dem Erscheinen des Erdballes ist ein Windhauch zu hören: Gottes Atem. Es lösen sich aus dem trägen Klangbrei Farben und Tonfolgen, die sich immer mehr differenzieren, zu Mehrklanggebilden verdichten und nach und nach Tongebilde von melodiöser und polyphoner Gestalt bilden. Da und dort Erinnerungsanrisse an einige der bekannten Werke unserer großen Komponisten (z. B. Schöpfung/Haydn, Erbarme Dich, Matthäuspassion/Bach, Lacrimosa, Requiem/Mozart). Also: Die Genesis, die Evolution hörbar gemacht durch die Musik. Nach einem letzten Anschwellen bricht die Musik, das akustische Entwicklungsspiel, abrupt ab. Übrig bleibt nur der Erdenton (J. Behrendt). Der Erdenton schwillt an zum Erdenrauschen. Von den 4 Himmelsrichtungen erscheinen die 4 Erzengel und stellen sich um den Erdenball.

Plötzlich hört er auf, sich zu drehen. Eine Schlange läuft über seine Mitte. Die vorderen Hälften fallen auseinander und teilen sich in Hell und Dunkel. Eine Kontur der Scheibe bleibt im Hintergrund erhalten.

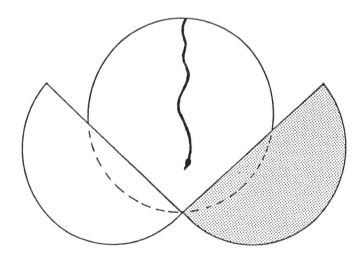

Der Engel mit dem flammenden Schwert läuft herzu und schlägt auf die Scheibe, die sich im selben Augenblick in eine gewaltige Uhr mit laufenden Zeigern (Schwertern) verwandelt. Musikalisch wird das Ticken dargestellt, das langsam in

*authentisches Herzklopfen übergeht. Die Erzengel fliehen. An ihrer Stelle begin-
nen die Jahreszeiten um die Uhr zu kreisen. Aus der Wurzel der Uhr erhebt sich
die Zeit bis zur Mitte der Uhr. Die Zeit ist geschlechtslos. Graue Schleier wallen
von ihrem Haupt in die Tiefe, berühren fast den Boden.*

ZEIT:

Das Wort brach aus der Ewigkeit,
verdichtet aus des Chaos' Fülle,
wo traumdurchnebelt lang die Stille
in sich ertrank, erscheint die ZEIT!

Mir überließ ein Neues zu gestalten
der Schöpfungswille Ort und Raum,
und niemand greift mich, kann mich halten,
nur in Erinnerung und Traum
hebt ihr mich auf. Und das ES WERDE!,
das gnädig euch der Gott geraunt,
der euch berief zu seiner Herde,
birgt Zukunft, die euch bang erstaunt.

Ich bin die ZEIT, die euch verletzt,
und wieder heilt. Aus einem Gusse
zähl ich das Jetzt zum JETZT und Jetzt,
unmerklich schwillt der Bach zum Flusse.

Eins nach dem andern, stets bereit,
den Faden niemals zu verlieren,
eins aus dem andern fortzuführen:
Generationenherrlichkeit
laß ich erblühn nach meinem Takt
und hingehn unter schwere Erde,
als Erde selbst, entbunden, nackt,
daß neue Frucht entwickelt werde.

Vergangenes, das ihr besessen,
zählt ihr bewegt der Ahnschrift zu.
Ich bin die Zeit, ich will es messen!
Und Gegenwart geschieht im Nu,
daß ihr in eurem Tun und Denken
befangen seid und meist nicht spürt,
wie sich Natur und Geist verschenken
und wie der Gott sich i n euch rührt.

Ich säe, wache und bekenne,
ich ruhe niemals, laufe ab.

Und wenn ich mich zuweilen nenne,
zeigt es der Spiegel – und das Grab.
Ich schlag' Sekunden mit dem Schwert,
dehne die Eile, raff' das Warten.
Vergänglichkeit macht kostbar Wert,
rührt alle Dinge, die verharrten.
Ich schaff' Bewegung. Wirklichkeit.
Mein Maß mag binden und zerstückeln.
Ich, Zeit, bin ein Stück Ewigkeit,
und ich bin da, euch zu entwickeln.

Aus ihrem Gewand steigt der Tod, der bisher verborgen war, herab und geht liebevoll Sveglia, Amme und Jedermanns Mutter entgegen. Sveglia trägt auf ihren Armen den neugeborenen Jedermann.

Dahinter fällt das gesamte Szenenbild in sich zusammen. Sveglia scheint den Tod zu kennen und nickt ihm wissend zu.

Giftige Dämpfe steigen auf. Von links kommend betritt der Zeitgeist die Bühne. Mit ihm der Krieg, in seiner Gesellschaft Vertreter der Weltreligionen. Zeitgeist und Krieg sind nach heutiger Mode gekleidet. Der Zeitgeist lässig, der Krieg eher zurückhaltend elegant. Etwas von der silbernen Rüstung, die er vorher trug, ist noch an seinem Anzug zu erkennen. Gefährte Tod und die drei Frauen blicken mißtrauisch hinüber. In der linken Ecke der Bühne erscheint König Boihs Thron. Um diesen herum stehen die Erzengel. Die Engel haben verschiedene Hautfarben.

ZEITGEIST:

Was sagen Sie? Ich bin der Zeitgeist, und er schert sich nicht um mich? Ich hab' um Audienz gebeten, weil ich es noch einmal auf diplomatische Art versuchen wollte. Er muß verstehen, daß seine Haltung unzeitgemäß ist. Er schafft nur Ärgernis. Man kann einfach auf diese Art und Weise heutzutage kein zivilisiertes Land regieren. Wenn Sie nur denken: ohne Verwaltungsapparat, ohne diplomatische Vertretung, ohne Technologie – und, was das Schlimmste ist: ohne Armeen.

KRIEG:

Zynisch.

Er wird sich auf seine alte Kultur, auf die Tradition des Geistes und Anhäufung von Gedankengut berufen…

Das Wort »Geist« betont er mit herabgezogenen Mundwinkeln.

ZEITGEIST:

Und dann, die fließenden Grenzen! Hören Sie, welcher Staat

kann sich das schon leisten. Und sehen Sie sich nur diese geflügelten Boten an! Man denkt, man sei in den Uffizien.

KRIEG:

Diese englische Abwehr ist wohl seine Art von Luftwaffe. Ich habe gleich gesagt, ich würde kurzen Prozeß machen. Was meinen Sie dazu, meine Herrn?

Wendet sich an die Vertreter der Weltreligionen.

Mit den uns heute zur Verfügung stehenden Mitteln, eine Kleinigkeit. Vier kleinere Divisionen könnten genügen.

Die Vertreter der Weltreligionen werden nervös, äußern sich aber nicht.

Nun, nun, meine Herrn, Sie waren doch in den vergangenen Jahrhunderten nicht gerade zimperlich, wenn es um Machtansprüche ging. Da gab's Epochen, wo Sie meine Dienste ununterbrochen in Anspruch genommen haben! Und alles unter dem Vorwand, Sie wollten den Ungläubigen das Heil bringen.

Die Vertreter der Weltreligionen rücken unangenehm berührt zusammen.

ZEITGEIST:

Tun Sie nur nicht so. Schaun Sie sich die Welt an, so wie sie heute ist. Die Saat Ihres jeweiligen Alleinanspruches auf die einzig seligmachende Wahrheit während der vielen Zeitalter, in denen Sie…

KRIEG:

Zu den Vertretern der westlichen Religionen gewandt.

…mit meiner Hilfe missioniert haben…

ZEITGEIST:

…geht heute noch prächtig auf.

KRIEG:

Mord und Totschlag, wo auch nur Zwei verschiedene Auffassungen von Religion haben. Denn, wo Zwei oder Drei versammelt sind, da bin ich mitten unter ihnen.

Er lacht.

ZEITGEIST:

Da lob' ich mir die Wissenschaft. Die ist neutral. Die Wirtschaft auch. Die Politik.

KRIEG:

Das muß ich sagen! Die haben eine andere, differenziertere Art, mich vorzubereiten, den Weg für mich freizumachen. Sozusagen mit der Noblesse des gesellschaftlichen Parketts. Außerdem hat der Handel mit Rüstungsmaterial auch so etwas wie durchlässige Grenzen geschaffen.

ZEITGEIST:

Sie wissen, ich bin nicht immer Ihrer Ansicht. Die Blöcke haben abgerüstet.

KRIEG:

Mit breitem Grinsen.

Wie lange noch? Solange auch nur noch ein Schuß Pulver auf der Welt ist, wird's keine Ruhe geben. Da bin ich unbesorgt. Die Völker sind wie immer in Bewegung.

ZEITGEIST:

Hauptsache, die Wissenschaft ist auf dem höchsten Stand! Dürft' ich einmal die Herren zu mir bitten? Sie sind doch da?

Schaut mit der Hand über den Augen suchend ins Publikum. Fünf Herren, sehr gut gekleidet, die vorher nicht als Schauspieler zu erkennen waren, gehen gemessenen Schrittes, weltmännisch sicher auf die Bühne. Es handelt sich um einen Politiker, einen Naturwissenschaftler, einen Wirtschaftskapitän, einen Philosophen und einen Theologen.

Ich begrüße Sie, meine Herrn, und danke für Ihr Kommen.

KRIEG:

Verneigt sich maliziös lächelnd.

Respekt, meine Herrn, meinen Respekt!

ZEITGEIST:

Sie wissen ja, worum es geht.

KRIEG:

Es gibt da die Bedrohung durch eine fremde Macht...

ZEITGEIST:

...die noch nicht einzuschätzen ist. Es ist uns nicht klar, nach welchen ideologischen Konzepten der Staat, der von dem Absolutisten König Boih regiert wird, seine Strategien entwickelt. Wir haben Aufklärungskampagnen gestartet. Alle Errungenschaften unserer Zeit könnten gefährdet sein... Darum haben wir Sie zu einem Hearing gebeten.

POLITIKER:

Jedermann kann es in der Presse lesen, jedermann kann sich informieren. Jedermann soll sich daraus eine Meinung bilden. Wozu sind die Medien sonst da? Wir von der Hohen Politik haben wie immer alles getan. Ich wollte Verträge mit ihm abschließen, wobei territoriale Ansprüche kaum eine Rolle gespielt hätten. Man muß aber unentwegt die Weltsituation im Auge haben!

PHILOSOPH:

Die geistige Grundkonstellation der Gegenwart...

THEOLOGE:

Eifrig.

Die Religion...

WISSENSCHAFTLER:

H e u t e herrscht die Naturwissenschaft! Die Technischen Universitäten sind wissenschaftliche Kathedralen. Die Anzahl der Gläubigen ist beständig im Wachsen. Die Autorität unserer Priesterschaft ist unumstritten. Die Technologie hat »Magische Augen« entwickelt, mit denen alles überwacht, alles entschlüsselt werden kann.

POLITIKER:

Wir werden damit alles in den Griff bekommen.

WIRTSCHAFTSKAPITÄN:

Die Wirtschaft profitiert davon! Wir subventionieren ohne

Unterlaß die Forschung. Wir schauen auf den praktischen Nutzen für jedermann.
Was Sie so poetisch...

Lächelt.

das »Magische Auge« nannten, ist längst durch unsere Produktion, durch die Genialität unsres Managements zum Allgemeingut geworden. Heute befriedigt Technologie den Spieltrieb von jedermann.

THEOLOGE:

Das Auge Gottes...

PHILOSOPH:

...ist abstrakte...

WISSENSCHAFTLER:

...abstrakter wird auch immer mehr die »reine« Naturwissenschaft! Für den Laien wird sie immer unverständlicher. Das erhöht seine Glaubensbereitschaft.

THEOLOGE:

Entrüstet.

Diese Hörigen, die durch ihr Nichtbegreifen immer mehr von den spezialisierten Experten abhängig werden und dadurch ihr SELBST-Bewußtsein verlieren! Sie können doch so ungeschult, wie sie sind, gar nicht unterscheiden...

POLITIKER:

Aber, mein Lieber, das besorgen doch die Medien!

PHILOSOPH:

Das sogenannte »Magische Auge« soll fortan ja nicht nur mehr der Informatik dienen, wie ich höre, sondern baldmöglichst »eigene« Intelligenz entwickeln. Ich habe Bedenken...

WISSENSCHAFTLER:

Das ist richtig. Es gibt da schon Modelle... Insgesamt könnte man davon ausgehn, daß das postbiologische Zeitalter angebrochen ist – gäbe es da nicht auch noch die Gen-Technologie...

WIRTSCHAFTSKAPITÄN:

Alles muß sofort patentiert werden. Die finanziellen Grundlagen sind bereits gesichert.

PHILOSOPH:

Das heißt, daß man auf jeden Fall mit der Züchtung eines Homunculus begonnen hat. Künstliche, elektronische und genetisch manipulierte Intelligenzen sollen...

WISSENSCHAFTLER:

Wie Sie wissen, war die Natur ja bisher nur der Wirkungsgrund von Zufälligkeiten. Auch der Mensch selbst in seiner genetischen Erbfolge nur unbekannten und unbeeinflußbaren Sprunghaftigkeiten ausgeliefert. Die Welt der Zukunft braucht aber einen n e u e n Menschen, der seine Emotionen und seine Entwicklung selber bestimmen kann. Wir werden diesen perfekten Menschen schaffen und das Prinzip des Stärkeren für allezeit neu definieren.

POLITIKER:

Jedermann, als programmierter Homo Absolutus, wird sich die Welt untertan machen.

THEOLOGE:

Verzweifelt.

Das ist der zeitgenössische Turmbau zu Babel. Die Kirche wird...

PHILOSOPH:

Ach, lassen Sie nur! Auch die Wissenschaft hat ihre Krisen.

THEOLOGE:

Ich bin außer mir! Der Baal, der von den meisten heut' verehrt wird, ist die »Intellektualität«. Ihr werden die größten Opfer gebracht und dem letzten noch Machbaren am meisten gehuldigt. Und letzten Endes ist alles nur ein Tanz ums Kapital. Wer kennt sie noch, die göttlichen Gesetze?

Jammernd:

Wohin soll das noch alles führen?

ZEITGEIST:

Man hat eben in diesem Jahrhundert die Evolution s e l b s t
in die Hand genommen. Damit müssen Sie sich ein für allemal abfinden. Wofür das gut sein soll, das ist nicht m e i n
Problem. Darüber werden die künftigen Generationen entscheiden. Mich geht das nichts mehr an.

KRIEG:

Begütigend, aber zynisch lächelnd.

Streiten Sie sich nicht, meine Herrn. Im Notfall werde i c h
aufräumen. Meine Methode ist alt und bewährt.

POLITIKER:

Beipflichtend.

Der Meinung bin ich auch.

PHILOSOPH:

Die Gefahr ist nicht zu übersehen. Der Mensch sollte lieber
wieder Vertrauen in seine Denkfähigkeit gewinnen und unterscheiden lernen.

THEOLOGE:

Es gibt da heutzutage Sekten, die auch die T r a u m fähigkeit
reaktivieren wollen. Sogenannte esoterische Geheimbünde
mit erschreckender Anziehungskraft. Alles Heidnische entsteht,wenn Menschen nicht mehr ihre Träume vom konkreten
Leben trennen können. Das wäre das Gefährlichste.

PHILOSOPH:

Lächelnd.

Wenn das so gefährlich wäre, gäb' es keine Künstler… Aber
was wollen Sie, es gibt auch aus den Reihen der Naturwissenschaft immer wieder einzelne, die einen Gottesbeweis antre-
ten wollen.

WIRTSCHAFTSKAPITÄN:

Um diese Thematik kann ich mich nicht kümmern.

Maliziös lächelnd zum Theologen:

Wir haben allerdings unsere Fonds zur Förderung. Aus den

von Ihnen, Hochwürden, so verteufelten und doch auch Ihren Institutionen so willkommenen Quellen des Kapitals. Das Mäzenatentum und die Sozialleistungen sind ja allein eine Sache des Geldes und des Geschmacks. Des Images auch – nicht zu vergessen. Ich habe dafür keine Zeit. Sie wissen... der Streß. Ich darf mich empfehlen. Die Geschäfte rufen...

Er geht zurück ins Publikum und setzt sich wieder auf seinen Platz. Auch die anderen 4 Herren verabschieden sich und folgen ihm. Zurück bleiben der Krieg, die Vertreter der Weltreligionen und der Zeitgeist. Rechts stehen noch immer die drei Frauen mit dem Kind. Der Tod hat sich mittlerweile zu Füßen des Throns niedergesetzt.

KRIEG:

Die Sache duldet keinen Aufschub mehr. Im übrigen... bin ich der Meinung... daß König Boihs Reich zerstört werden muß!

Zu den Religionen:

Daran müßte Ihnen mit Ihren dogmatischen Vorgaben ja auch gelegen sein. Oder sind Sie etwa klüger geworden?

Die Vertreter der Weltreligionen stehen unentschlossen.

ZEITGEIST:

Zerstören! Vernichten! Ausrotten, was sich auf die Tradition des Geistes und der Seele beruft! Das ist ganz in meinem Sinn.

Zum Krieg:

Stürmen Sie los!

Sie versuchen gewaltsam gegen den Thron vorzustoßen. Der Krieg hebt sein blankes Schwert. Die Erzengel bilden eine Mauer der Abwehr. Unsichtbare Kräfte schlagen die Angreifer zurück. Der Engel mit dem flammenden Schwert vertreibt sie von der Bühne.

ERZENGEL:

Für einen Kampf mit dem lebendigen Geist, Krieg, sind deine Waffen zu stumpf! Auch du, Zeitgeist, wirst das wache Bewußtsein vieler Menschen nicht zerstören können!

Die Erzengel holen die Weltreligionen vor König Boihs Thron. König Boih erscheint. Ruhig. Introvertiert und gütig, gelassen und nachdenklich geht er langsam auf seinen Thron zu und läßt sich dort nieder. Unangefochten von dem gerade

Geschehenen. Er trägt einen weißen Bart, schönes weißes Haar. Er hat ein schlichtes, langes Gewand an. Er ist vom Glanz einer inneren Schönheit überstrahlt, die seine Persönlichkeit unvergleichbar macht. Die 3 Erzengel und der mit dem flammenden Schwert stellen sich wieder um den Thron. Der König schaut ernst und liebevoll ins Publikum und sagt:

KÖNIG BOIH:

Wenn ich Euch das Gesetz der Erde, die ich schaute, verkündete, würdet ihr weinen.

Sveglia, die ihr Kind Jedermanns Mutter in den Arm gelegt hat, nimmt ihr rotes Buhlschaftskleid, das die Amme in den Händen trug, und legt es vor den Thron. Opfert es als einen Teil ihrer Vergangenheit. Es sieht aus wie eine Blutlache des Schmerzes. Sie kniet vor König Boih nieder.

SVEGLIA:

Wo alles so zerbrechlich ist, haben wir doch endlich noch Ruh' gefunden. Und Heimat.

ERZENGEL:

Abwechselnd.

König Boih ist der Hüter des tiefsten Bewußtseins. Sein Schmerz ist durch die Hölle gegangen und hat den Himmel erreicht. Sein Zeichen ist die Liebe. Das Gold des Altares, an dem er mit Gott spricht, hat die Farbe der Ähren. Jede Berührung mit Wasser bedeutet ihm Taufe. Für ihn ist kein Stein tot. Gott lebt in allen Dingen. Herrlich ist die Gegenwart, welche als eine gottdurchseelte erkannt wird. Glücklich der Leib, der nicht mehr die Trennung vom Ewigen wahrnimmt. Selig der Geist, der die Angst nicht mehr spürt. Begnadet das Herz, das aus Dankbarkeit sagt: Amen. Heilig ist die Erde mit ihrem Gesang. Und jedes Gemüt, das in ihn einstimmt. Vertraut der Führung durch euer Wachsein! Nur aus den Quellen des Alten kann die Hoffnungsknospe des Künftigen aufgehen. Aus den Quellen des Geistes und des Herzens: die Liebe.

KÖNIG BOIH:

Lächelnd.

Wenn ich euch das Gesetz der Erde u n d des Himmels, den ich schaute, verkündete, ihr würdet euch freuen.

Sveglia nimmt den kleinen Jedermann von der Mutter und legt ihn in König Boihs Arme.

SVEGLIA:

Lehr' Jedermann, das Menschliche i n s i c h selbst zu suchen und segne ihn. Gib' Jedermann ein neues Bewußtsein, auf daß er Gott in der Schöpfung und im eignen Herzen erkennen kann. Nimm' Dich seiner an. Gib' Jedermann die Tiefe des Bewußtseins. Hilf ihm, sein höh'res Selbst zu finden.

König Boih legt die Hand auf ihr Haupt und segnet sie. Er segnet auch das Kind, den Neuen Jedermann; dann gibt er Sveglia den Knaben zurück. Sveglia geht mit dem Kind auf dem Arm zur Mitte der Bühne. Dort bleibt sie stehen, zum Publikum gewandt. Ruhig, mit einem Hoffnungslächeln auf den Lippen. Freundlich winkt König Boih die Weltreligionen zu sich. Um sie herum versammeln sich die Randgruppen und Abgelehnten der Gesellschaft: Die Alten, die Kranken, die Seelen der »unerwünschten« Kinder. König Boih erhebt sich langsam, geht bis zum äußersten Rand der vorderen Bühne, ganz nahe zum Publikum, von den Engeln begleitet. Schaut die Menschen an und ruft leise und eindringlich:

KÖNIG BOIH:

Jedermann... Jedermann...

Die Engel entfernen sich in verschiedene Richtungen durch das Publikum.

Vorhang.

EPILOG

ZU BLAUBARTS GEHEIMNIS

Das Stück, mit dem auf einen sehr alten Stoff zurückgegriffen
wurde, zeigt den Identitätszwiespalt eines modernen Menschen,
der mit seiner Vergangenheit nichts mehr anzufangen weiß und die
Flucht nach vorne antritt, und behandelt gleichzeitig das Kultur-
und Generationenproblem unserer Zeit.
Der »Verlust der Mitte«, wie man mit Hans Sedlmayr sagen könnte, wird dargestellt
1. in Blauburgs persönlicher Problematik
2. im Wertewandel unserer zeitgenössischen Kultur, d. h. in einer
   Zeit der »Demontage des Herkömmlichen«.

Im Laufe der letzten fünfzig Jahre hat sich eine Konfrontation der
jüngeren mit den älteren Generationen herausgebildet, welche nach
der Jahrhundertmitte eine nahezu unüberbrückbare Kluft verur-
sacht hat.
Innerhalb nur einer einzigen Generation trafen Gegensätze aufein-
ander, wie dies im Laufe der menschlichen Entwicklungsgeschich-
te noch niemals der Fall gewesen ist.
Die Jungen fanden die Wertvorstellungen der Älteren bis ins
Lächerliche antiquiert, die Älteren fühlten sich von der Welt der
Jüngeren abgestossen. (Interessante Gründe dafür liefert uns
Konrad Lorenz in seinem Buch »Abbau des Menschlichen«).
Noch ist ein Ausweg aus dieser Entwicklung nicht zu sehen.

Besonders deutlich treten die Probleme des Unverständnisses und
der Verständnislosigkeit in der KUNST zutage, in welcher wir
diese Zeiterscheinungen am deutlichsten ablesen können. Längst
hat man hier alle Grenzen hinter sich gelassen, um provozierend
letzte Tabus zu brechen. Diese Art von Progressivität führt daher
nicht selten ins Nichtmehrzumutbare – manchmal aber auch in eine
ungewollte Komik.
Den Kulturbruch in der Zeitenwende aufzuzeigen, wurde in der
vorliegenden »Dramatischen Parodie« versucht.

Die Handlung ist ganz bewußt in einem Rahmen elitärer
Konvention angesiedelt. Dieser bietet die Plattform für Dialoge, die

sich mit den obenerwähnten Zeichen und Auswüchsen unserer Zeit auseinandersetzen.

BLAUBART: Ein altes Thema, das sich nach vielen Bearbeitungen und Auslegungen in Jahrhunderten dahin entwickelte, uns einen Mann vor Augen zu führen, der seine Frauen tötete oder lebendig begrub, wenn sie in sein Innerstes eindringen wollten. Diese »letzte Kammer« hütete er eifersüchtig. Wollte sein Geheimnis nicht der geschwätzigen weiblichen Neugier öffnen. Um w e l c h e s Geheimnis es sich allerdings letztlich handelt, ist jedoch niemals ganz klar ausgesprochen worden. Gewiß geht es hier um die intimste und verletzlichste Gefühlsebene des Mannes – um ein Terrain, wo auch Lebensangst und Unsicherheit ihren Platz haben, die seit jeher von »Vertretern des Starken Geschlechts« schamhaft hinter männlicher Pose versteckt werden mußten. Sie hatten – sei es durch den harten Daseinskampf, sei es durch Gesellschaftszwänge – überkommenen Vor-Bildern zu entsprechen und ihre Sensibilität und ihre Empfindungen zu verdrängen. Die vor sich und der Welt cachierte Geborgenheitssehnsucht hat nicht selten ihren Ursprung in einer besonders intensiven Mutterbindung.

ZU DEN PERSONEN DER HANDLUNG

ALEXANDER BLAUBURG – die abgewandelte Titelgestalt – hat mit der alten Welt aus sehr persönlichen Gründen gebrochen. Sein Schlüsselerlebnis für diese Haltung liegt in der Spätpubertät: Den plötzlichen Tod der geliebten Mutter erlitt er als Schock, von dem er sich nie mehr ganz erholen konnte. Nur durch Verdrängung und Vorwärtsbewegung nach Außen gelang es ihm, sich von diesem unbewältigten Erlebnis zu distanzieren: über Erfolg und Selbstdarstellung in dieser Welt.

Es scheint, daß er im Verlauf des Stückes seiner emotionalen (nahezu pathologischen) Unlogik entkommen kann, indem er s i c h s e l b s t die eigene Seele, sein Innerstes öffnet. Lag diese Unlogik doch in dem Umstand begründet, daß er seiner Mutter deren frühen Tod nicht verzeihen konnte und ihr das abrupte Verlassen des Sohnes – d. h. seine unerwartete Preisgabe an eine fremde und lieblose Welt – übelnahm. Und er kam nicht darüber hinweg, daß gerade die Mutter, welche ihn in dieses Dasein hineingeboren und seine

Existenz mit aller Liebe gewollt hatte, ihn so plötzlich und ohne
Vorbereitung verließ.

Um zu überstehn, läßt er sich immer mehr und immer weiter von
seiner Erfolgssucht treiben. Nur keine Konfrontation mit der Vergangenheit! Nur keine Erinnerung an das Weh, das ihm das Leben
angetan hat!

Er setzt auf Gegenwart und Zukunft. Das Neue, Nochniedagewe-
sene ist seine Domäne, lenkt ihn ab und bestimmt sein Leben. Seine
Wirkung auf Frauen ist hier eigentlich nur ein Nebenprodukt seiner
Erfolge.

Erst als drei Komponenten in weiblicher Gestalt gleichzeitig auf
ihn einwirken
1. Elenas echter Schmerz um den Verlust der Kultur,
2. Judiths vehementer Einsatz gegen den Verlust der Natur und
3. Veras liebevolle Lenkung zu seiner Selbstbegegnung
wagt er – ob nun in der Realität oder im Traum – den Blick in den
Spiegel der eigenen Seele und wird frei für eine neue Einstellung
zu Vergangenheit und Gegenwart.

Die Namen der drei Frauengestalten um Blauburg sollen an die drei
Quellen unserer abendländischen Kultur erinnern, an die g r i e -
c h i s c h e , die b i b l i s c h e und die r ö m i s c h e .

(H)ELENA – die heimliche Hauptfigur des Stückes, erinnert in
Sprache und Nostalgie an Hofmannsthal'sche Frauengestalten,
befindet sich aber in ständiger Opposition aus Verzweiflung über
den Werteverlust unserer Zeit. Sie steht zwischen zwei
Lebensaltern, zwei Kontinenten, zwei Kulturen. Sie leidet an der
Kulturkrise Europas und versucht den Riß aufzuzeigen, der mittlerweile wie ein tiefer Graben das Vergangene vom Gegenwärtigen
trennt. Sie hat Wertheimweh, findet, wenn sie über den Ozean
kommt, nicht mehr vor, was sie ihr »abendländisches Zuhause«
genannt hat. Muß feststellen, daß Bildung und die profunde
Kenntnis der geistigen und kulturellen Wurzeln immer mehr verloren gehen, daß Werte nicht mehr weitergegeben werden, sondern –
womöglich – in absehbarer Zeit ganz in Vergessenheit geraten…
Sie ist eine gleichzeitig resignierende und sich empörende
»(J)Elena (Sergejewna)« aus der »Welt von Gestern« zwischen den

Kontinenten des Idealismus und der zerstörerischen Aufklärung unserer Zeit.

Schon in der ersten Szene mit dem alten Gärtner FERENC, der selber noch ein Überbleibsel der alten österreichisch-ungarischen Monarchie ist, zeigt sich ihre wehmütige Nostalgie.

Blauburgs Verhältnis zu Elena unterscheidet sich grundlegend von seinen Beziehungen zu anderen Frauen. Am Ende stellt sich heraus, daß i h r Geheimnis an Qualität das seine übertrifft, da es das L e b e n (und nicht die verdrängte Vergangenheit) zum Inhalt hat.

VERA – Blauburgs zukünftige und siebte Frau – ist das Gegenteil von ihm: sanft, bescheiden, aus kleineren Verhältnissen stammend. Introvertiert und hauptsächlich an Musik interessiert. Wie groß ihre Liebe zu ihm ist, zeigt sie mit ihrem »Musikalischen Opfer«.

JUDITH – steht ähnlich wie Elena zwischen zwei Welten. Hat sich aber – obgleich gesellschaftlich und in der Bildung von einem elitären Elternhaus geprägt – für ihre neue Aufgabe entschieden. Was aber nicht besagt, daß sie nicht immer wieder schwankend wird.

GERNOT – hat klare Züge. Ist unbeugsam in der Durchführung seiner Anliegen. Nur Judith und der Sache zuliebe ist er zu Zugeständnissen bereit.

Auch die anderen Personen des Stückes haben eine eher dualistische Einstellung zur Welt und ihrer eigenen Aufgabe:

Die sozialistische MINISTERIN für KULTUR, die gerne in einem eigenen Schloß auf eine stattliche Ahnenreihe zurückschauen und sich viel lieber an klassischer Kunst erfreuen würde, muß sich, um dem gerecht zu werden, was man von ihr erwartet, für Zeitgenössisches stark machen.

LANDESPRÄSIDENT und OBERBÜRGERMEISTER sind eher vorsichtig taktierend. Zumindest halten sich zurück und äußern kaum einmal eine eigene Meinung, um nirgends anzuecken.

Ganz anders der MEDIENCHEF und Kunstkritiker, der für die
Gegenwartskunst Meinung machen will und der »Kultur-Mafia«
angehört.

SCHUTT – der Baulöwe – setzt sich durch mangelnde Sensibilität
und Bildung fortwährend in die Nesseln. Was ganz besonders in der
Gegenüberstellung mit Elena komische Situationen herbeiführt.

Für sich allein – und bereits über den Dingen – steht nur der alte
Gelehrte, Arnold ROSENZWEIG.
Er hat diese Welt mit ihren wechselnden Gezeiten schon fast über-
wunden und lebt bereits mehr in tieferen Schichten seines
Innenraumes, in Gedanken und Bildern, die er in sich entwickelt
hat. In ihm spiegeln sich Erinnerung und Größe einer versunkenen
Epoche.

Pyramide bzw. Dreieck stehen symbolhaft einerseits für das
Göttliche, andererseits für das Weltliche:

»SINNENDER GOTT«	–	ATOMUHR
LICHTEINFALL (in	–	PROJEKTS-
Blauburgs Kammer)		GESTALT

Im Abwechseln ernster und heiterer Szenen sollen Spannungen und
polare Bezüge aufgedeckt werden.

Ein »Happy-End«! Eine neue Sicht der alten Blaubart-Thematik:
E r selbst findet den imaginären, weggeworfenen Schlüssel zu sei-
ner »Kammer« wieder und wagt endlich den Schritt zur
Selbstbegegnung.

Die anderen Themen, welche die Hauptgeschichte umranken, bleiben offen. Es darf über sie geweint, gelacht – oder nachgedacht
werden.

ZU LICHTEINFALL – NACHBLENDE

»Lichteinfall – Nachblende« lädt ein, über den Begriff »Wirklichkeit« nachzudenken, d. h. zu untersuchen, was jeder einzelne für sich persönlich unter »Wirklichkeit« versteht.
Hier scheiden sich die Geister.

»Hintergrundsuchende Nachdenkliche« und »Programmatische Realisten« haben Verständigungsprobleme, wissen nur wenig miteinander anzufangen und bleiben sich Nähe schuldig.
Sowohl »Weltzugewandte« als auch »Realitätsfremde« sind nicht frei von Geringschätzung und Intoleranz gegenüber den »Andersgearteten«. Erscheint dem »Extrovertierten« die Welt in ihrer gegenständlichen »Realität«, so wird der »Introvertierte« den unablässig hinterfragten Terminus »Wirklichkeit« ganz für die seine in Anspruch nehmen.
Beide Wesensarten sind somit in ganz verschiedenen Welten beheimatet, von wo aus sie ihre Überzeugungen auf das jeweilige Umfeld projizieren.
Nur auf der Basis gewisser Grundbedürfnisse des Lebens ist es ihnen möglich, einen gemeinsamen Nenner zu finden.

»Realität« und »Wirklichkeit« scheinen solange Gegensätze zu bleiben, bis deren »Vertreter« durch die Unabwendbarkeit eines Schicksalszugriffes aus dem Gleichgewicht ihres Selbstverständnisses herausgeworfen werden.

Vor der Liebe und dem Tod in letzter Lebensverfügung fallen die Masken, alle angepaßten oder entwickelten Überzeugungen. »Alle Bilder, die wir uns zurechtgerichtet haben, stürzen zusammen. Keines paßt mehr. Alles ist anders.«
Wo ist die »Wirklichkeit«? Was bleibt von der »Realität«?
Die Zeit gewinnt eine andere Dimension. Wertigkeiten verschieben sich.

In der Erfahrung von Tod und Liebe wird Wesentliches spürbarer – wenn es auch nach wie vor rational unergründbar bleibt – und es tritt eine »Wirklichkeit« zutage, für die wir keine Worte mehr finden können.

Spätestens hier ist jeder einzelne unmißverständlich aufgefordert, sich in seinem Inneren letzten Fragen nicht mehr zu entziehen.

Die fortlaufende Handlung von »Lichteinfall – Nachblende« kontrapunktiert die verschiedenen Charaktere, versöhnt deren Gegensätzlichkeit – oder führt sie ad absurdum.

Der Name Perighi, den alle vier Hauptpersonen tragen, getragen haben oder einmal tragen werden, enthält den Wortstamm von perire, d. h. sterben, untergehen.
Sie sind also Sterbliche: ANNA, LYDIA, KRISTIAN und REINHART.
Lebende Sterbliche, so wie wir alle. Und sie sind sich dessen – je nach ihrer seelischen und gedanklichen Disposition – auch bewußt.
Jeder von ihnen befindet sich im Stück in einer Ausnahmesituation.
In einer Schicksalswende, welche unter Einwirkung gewisser Begegnungen und Geschehnisse das Verhalten untereinander und zueinander bestimmt. »Wenn etwas zwingend geschieht, bedarf es keiner Erklärungen.« Dabei bleibt die Schuldfrage irrelevant.

ZU DEN PERSONEN DER HANDLUNG

ANNA ist zutiefst berührt, einmal – vielleicht zum ersten Mal – in ihrer inneren Welt verstanden und gefördert zu werden, und läßt die Begegnung mit Kristian in deren ganzer Tragweite zu.

KRISTIAN nimmt das Geschenk Annas an, wiewohl er weiß, daß er in »Todesnähe lebt« und sie in sein Sterben mit hineinziehen wird.

LYDIA provoziert – egozentrisch wie immer – eine neuerliche Scheidung. Unreflektiert und ohne sich eines eigenen Fehlverhaltens bewußt zu sein, nimmt sie damit das Risiko eines einsamen Alters auf sich.

REINHART – bislang hauptsächlich dem äußerlichen Leben zugewandt – ist von Annas Anderssein fasziniert und möchte sie »in

Besitz nehmen«, erfährt aber die Entstehung und Entwicklung einer echten Liebe, die er letztendlich auch unter Beweis stellen wird.

Unter dem Eindruck dieser Liebe, des plötzlichen Erkennens der Beziehung zwischen Anna und Kristian und von Kristians plötzlichem Tod, gewinnt er eine neue seelische Qualität.

Inwieweit diese allerdings die Zukunft zweier – so verschieden gearteter – Menschen tragen kann, bleibt der Phantasie des Lesers oder Zuschauers überlassen.

Die suggestive, vermittelnde STIMME will den Zuschauer und Hinhorcher aufschließen – sowohl für den Handlungsablauf im Theater, als auch für seine eigene, innere Welt. Der zentrale Teil des Stückes baut sich auf um einige Zeilen aus den Duineser Elegien. Um eine Botschaft R. M. Rilkes, die uns anhält, »das größte Bewußtsein zu leisten«, um uns den »Weltinnenraum« erfahrbarer zu machen.

»Lichteinfall: Nachblende« (…das Ende einer Erklärung…) ist ein l a n g s a m e s Stück.

In seiner leisen Dramatik will es den Aufmerksamen für eine Stunde nachdenklicher Stille gewinnen. Es wagt das Experiment der Meditation mit dem Publikum. Das gemeinsame Innehalten. Es versucht die Loslösung vom Alltäglichen durch Bewußtwerdung und Versenkung mit Hilfe des Meeres als Symbol für das Unbewußte, Ewige. Für den Kreislauf des Lebens.

Für den Rhythmus der uns zur Verfügung stehenden Lebens zeit. Es ist aber auch Symbol für das Nichtmehrerklärbare in seiner ursprünglichen, göttlichen Dynamik.

ZU JEDERMANNS VERLASSENSCHAFT

Im Gegensatz zu Hofmannsthals »Jedermann« und dessen
Vorfahren befaßt sich »Jedermanns Verlassenschaft« mit der
i n n e r e n Welt des Menschen, der – von Geburt an dem Tod nahe
– quer durch Schicksalshöhen und -tiefen seinen Weg und seine
Bestimmung sucht und findet. Hier nun ist es ein weiblicher
Mensch, der aufwacht und sich der Verantwortung bewußt wird als
Mutter eines »Neuen Jedermann«.

Was diese Welt nothat, sind nicht perfektionierte HOMUNCULI
aus den Retorten unseres schlechten Gewissens, sondern bewußte
menschliche Wesen, die sich an ihren göttlichen Stammbaum erinnern. »Jedermanns Verlassenschaft« ist also ein religiöses Stück.
Vergangenheit (Traum und Erinnerung) und Gegenwart (actio et
periculum) werden e i n s . Spiel und Realität gehen über in e i n e
Wirklichkeit. Wir sind Fremde geworden in Gottes Schöpfung,
haben uns in ihr ein »Eigenheim« unserer Begriffe, Vorstellungen
und Rechtsgebräuche zusammengebastelt. Fühlen uns solange
sicher darin, vertrauen unseren Meinungen, Aktivitäten und
Selbstzeugnissen, bis das Unabwendbare an den Mauern rüttelt
(»…die Erde kommt näher«… Sie war immer da. Wir haben sie nur
nicht mehr wahrgenommen). Aber die Engel sind noch unter uns.
Meist gehen sie unbemerkt durch unsere Reihen. Dies wird offenbar am Ende des Stückes.

Das Bewußtsein, daß wir uns »in jedem Augenblick inmitten eines
Mysteriums« befinden, daß wir mit jedem Schritt heiligen Boden
betreten, ist uns weitläufig abhanden gekommen. Nur wer selber
tiefstes Leid, Not, Angst und Verzweiflung erlebt oder gesehen hat,
wird mit einem innigeren Wissen diese Welt erfahren und seine
Werke danach ausrichten.

Im Stück ist es der von Gott geprüfte und erhobene Hiob, der hier
aus dem Reich der Wahrheit und der Gnade als verklärter König
Boih wirkt, die Wandernden als mystisches Ziel anzieht und am
Ende einem »NEUEN JEDERMANN« das Siegel des tieferen
Bewußtseins auftun soll. Gott selbst hat ihm für diese unsere Zeit
die Engel seines eigenen Throns zur Seite gestellt. König Boih
spricht nur z w e i Sätze: sie sind Erinnerung u n d Überwindung

einer alten Botschaft aus dem Gilgamesch-Epos, die der einstige
Tiermensch ENGIDU – dessen Geist aus dem Reich der Schatten von Gilgamesch heraufbeschworen wurde – seinem Freund
gibt.

König Boih, der Gott geschaut und das Heil erfahren hat, das wir
erwerben können und dürfen, sagt diesen Satz zweimal. Das zweite Mal aber mit einem erlösenden Ausblick. Dann beschwört er die
Lebenden, beschwört sie eindringlich zum L e b e n d i g e n , das
ohne Gottesbewußtsein nicht erstehen kann. Seine Worte richtet er
an j e d e r m a n n .

Sveglias Kind ist das Symbol für eine bessere und schönere Welt.
Die Szene an der Quelle, wo ihr, der Schwangeren, der Engel
erscheint, erinnert an Hagar, die Abrahams Kind trägt: Ismael , d. h.
Gott hört zu. (Hatte nicht Hiob ehemals in seiner Verzweiflung Gott
gerade diesen Vorwurf gemacht, nicht an seinem Leid teilzuneh-
men und auf seine Fragen nicht zu antworten?)

ZU DEN PERSONEN DER HANDLUNG

SVEGLIA: Die kurze Zeit vom äußeren Leben Verwöhnte gewinnt
im Gebet die Kraft für ihr weiteres Schicksal. Sie scheitert nicht,
geht bis zu den Grenzen aller Daseinsfragen, selbst bis zur Überle-
gung, diese im Freitod zu durchbrechen.

Ausgerechnet der TOD ist es nun, der ihr die Schuhe zum
Weitergehen in dieser Welt bringt und ihr Verantwortung für die
beiden Alten auferlegt. Für ihn ist die Frucht noch nicht reif. Er
sorgt sich um ihre Entwicklung bis zur Ernte. Er will diesmal v i e l
einbringen.

Und SVEGLIA geht den ersten, schwersten und menschlichsten
Schritt: sie vergibt. Und sie tut noch mehr: in der eigenen
Ungeborgenheit gibt sie Heimat, nimmt sich der Bedürftigen an.
Tröstet und stützt; aus dem eigenen Leid, aus dem Wissen um ihre
Zukunftslosigkeit erwächst ihr die Stärke für das Kommende.

Und das Schicksal, unsichtbar hier, hilft dabei. Sie wird mit ihren
Fragen viel Äußerliches abtun. Was sie erlebt, bleibt gleichnishaft.

Aber sie erhält Antwort und wird sie weitergeben. SVEGLIA, die Aufgewachte, findet den Weg zur Erlösung schon in dieser Welt. Ihr wird das Zwischentotenreich (Fegefeuer?) erspart bleiben. Im Stück wird sie dem Geliebten nicht mehr begegnen. Zu weltlich extrovertiert war diese Beziehung: eine Liebe ohne das Lot zu tieferer, innerlicher Gemeinsamkeit, zu geistig-seelischer Verbundenheit.

JEDERMANN ist ein Mann, der ohne Nachdenken gibt und nimmt und das Weibliche sich dienen läßt. Er bleibt noch anmaßend und fordernd, wenn er ins Totenreich eintritt. Noch hat er nichts gelernt. »Erlöst. Man hat gesagt, ich sei erlöst! Und finde mich doch hier in einem Reich von Schatten.«

Die fragwürdige Erlösung bei Hofmannsthal – über die so viel diskutiert wird – findet hier eine Erläuterung: Glaube und Werke reichten nur dahin, daß ein Weitergehen möglich und das Nichtsein nicht zur Strafe wurde.

Zuende jedoch ist seine Reise zur Vollendung noch lange nicht. Zuviel Versehrtes ist noch zu heilen, zuviel Unerkanntes noch zu verstehen.
Die Toten, welche um ihn sind, belehren ihn, wiewohl sie das Eigene noch nicht bewältigen können. Aber JEDERMANN hat die Begabung schnell zu lernen. Die Sorge um die Verlassenen und seine Ohnmacht, einzugreifen, lassen ihn vieles bedenken. In der Erkenntnis seiner Unterlassungen und Verfehlungen lernt er verstehen, daß auch ein anderes Glück für ihn möglich gewesen wäre. Der Schmerz darüber wandelt und läutert ihn.

JEDERMANNS MUTTER muß Ähnliches erfahren, darf aber noch hiesig über ihre Starrheit und Glaubensenge hinauswachsen. Ohne viele Worte spürt man, daß sie – trotz ihres Alters – den Sinn ihres Schicksalsweges begreifen lernt.

KASPAR, der Gute Gesell: der skrupellose Neureiche, der sich mit fremden Federn schmückt, der ohne Gewissen brutal fremdes Eigentum an sich bringt und menschenverachtend seinen Platz in der (Tisch-)Gesellschaft behaupten will.

Der FÜRST erscheint im Spiel selbst nicht, tritt aber durch die
Äußerungen der Fürstin für kurze Zeit als kaltherziger, nach
Ansehen und Weltgefälligkeit strebender Potentat – sozusagen als
ein »Jedermann der Macht« – in den Vordergrund.

Die FÜRSTIN Veronika, seine Frau, einmal in jungen Jahren dem
verstorbenen Jedermann in Liebe verbunden, geht einen anderen
Leidensweg als Sveglia, indem sie ausharrt an der Seite eines
Mannes, dessen Wesen ihr zutiefst fremd und unverständlich bleiben muß... die Erfüllung ihres inneren Auftrages sieht sie – ähnlich
wie Sveglia – in der Hoffnung auf eine menschlichere Entwicklung
ihrer Kinder.

Diese Welt, so wie wir sie immer wieder erleben müssen, in ihrer
Scheinheiligkeit und ihrer Besitzergreifung, legt das Teuflische der
Ichbezogenheit und des Größenwahns bloß.
Sie stellt sich gegen das Göttliche, indem sie ohne Ehrfurcht vor
dem Leben plant und ihre Siegeszüge hält. In der Zerstörung des
Erworbenen preist sie sich selbst in einem Neuen, das aus man-
gelnder Lernfähigkeit nicht über das ehemals Bestehende hinaus-
wachsen kann.

Im Stück erscheint das Teuflische personifiziert in Gestalt der
Mächtigen unserer Zeit, die selbstherrlich und skrupellos in der
Welt über Leben und Geschick anderer Menschen bestimmen wol-
len.

Die vorliegende Jedermann-Fortsetzung ist eine Entwicklungsge-
schichte der menschlichen Seele auch jenseits der auf dieser Erde
gelebten und schaubaren Wirklichkeit. Eine Kontinuität der
Schicksale in dieser Welt – wie auch jenseits der Daseinsgrenze.
Die Wirkungsfolgen und Gestaltungsmöglichkeiten in verschiedenen Ebenen des von Gott ins Leben gerufenen Geistes.

»JEDERMANNS VERLASSENSCHAFT ODER DER NEUE
JEDERMANN«: das abgelebte Alte über die Leidensmetamor-
phose hin zu einem noch offenen Neuen. Der Weg zu einem tieferen Bewußtsein. Hier – wie dort.
Ein Drama über die Schmerzgrenze unserer Fragen.

Eine Fortsetzung – im ausschließlichen Kontext zu Hofmannsthal.

Im Brennpunkt steht – hier wie dort – das G e b e t : in Hofmannsthals (in der Aufführungspraxis durch das Gebet ergänztem) Werk a m E n d e, wo Jedermann sich aus A n g s t v o r d e m T o d noch ohne rechte Glaubensüberzeugung an ehemals gelernte Worte des Vaterunsers erinnert und damit seine Erlösung bewirken will, während im Gegensatz dazu Sveglia in ihrer A n g s t v o r d e m L e b e n, die sie beinahe in den Freitod treibt, in ihrem Gebet a m A n f a n g eigene Worte und Fragen findet, die ihr zu einem neuen Menschsein und zum Weitergehen verhelfen.

Die vier Ebenen: Menschlich-irdisches Dasein // Zwischentotenreich // Gegenwart // Das Reich der Vision und Imagination.
Die vier Ebenen sind nicht exakt vier Akten gleichzusetzen, da sie einander immer wieder durchdringen, d. h. Sveglias persönlicher Schicksalsweg führt durch die k o n k r e t e G e g e n w a r t unserer Zeit und fließt ein in die Wunschbilder einer m e t a p h y s i - s c h e n W i r k l i c h k e i t . Gestaltet sind sie ebenfalls in vier Sprachformen (vgl. vier Jahreszeiten, vier Elemente, vier Erzengel, vier Wandernde…).
Mit der inneren Reifung verändert sich auch die Sprache.
Der Leidensweg der ehemaligen Buhlschaft Sveglia, der sie viermal mit neuer Verantwortung um das Totenreich führt, findet endlich sein Ziel und eine gewisse Heimat im Reich des König Boih: dort soll der neue Jedermann geboren werden. In Erbarmen und Liebe.

Jedermanns Verlassenschaft und die Hoffnung auf einen NEUEN JEDERMANN: den aufmerksameren Menschen in einem tieferen Bewußtsein für seine Aufgabe und Verantwortung in Gottes Schöpfung.
J e d e r m a n n : das sind wir alle.

Barbara Feldbacher

VERDICHTUNGEN

VOM GRUND UND RAND
DES LEBENS

Heyn

LESEPROBEN:

Spur

Aus Unbekanntem suchst du deine Richtung.
du bildest dich und wählst dein Land,
das Unsagbare wird dir zur Verpflichtung,
aus Namenlosem hast du dich benannt.

Ins Ungeformte setzt du deine Zeichen,
und aus Verlusten wächst dein Stand.
Dein Auge schöpft aus jener überreichen
und tiefen Fülle, die dir zuerkannt.

Wo du dich hingibst, wirst du dir zueigen,
erschließt dich, weitest deinen Kreis,
und spürst in Dingen, die sich selbst verschweigen,
den Zuwachs aus Erschöpftem sanft und leis.

Zukunft?

Den Flüssen ist lang schon die Mündung verlegt,
die Erde stirbt unter der Kruste,
auf schäumt der Schmutz, den das Meer wegbewegt,
was Beton erstickt, ist durch Zeugen belegt,
doch man ignoriert, was man wußte.

Geschehen die Türme von Babylon,
versteinert Gebet und Gebärde,
versengend trifft tödliche Strahlung schon
schlafende Keime im offenen Mohn,
gezeichnet weint unsere Erde.

Entartet die Stoffe, verseuchendes Gift
dampft ständig aus wachsenden Bergen.
Jetzt, da Verbrauchtes uns wieder betrifft,
erschauern die Zeichen der zehrenden Schrift
und Wälder drohen mit Särgen.

Die Pole zerrinnen, bald wirft sich die Flut
erbost gegen Städte und Mauern,
wogt über die Felder, vernichtet das Gut,
verschlingt und vermischt sich mit schuldigem Blut,
löscht aus, läßt die Blindheit nicht dauern.

Der Zeiger läuft schneller, es ist schon so spät,
und keiner erfährt mehr die Richtung.
Die Ernte ist da! Was ins Dunkel gesät,
verdorrt in der Nacht! Wer das Leben verrät
zerreißt seinen Weg aus der Lichtung.

Öffnet die Augen, die fliehende Zeit
vertraut noch auf denkende Hände,
beschleunigt die Schritte und macht euch bereit
und handelt, daß euch die Erde verzeiht
und gnädig das Drohende wende.

Die Worte sind deutlich, erkennt das Fanal,
bewegt, was die Stimmen beschwören!
Verwerft eure Habsucht – noch habt ihr die Wahl,
setzt auf die Vernunft nur ein einziges Mal
und laßt euch die Zukunft gehören!